McKinsey
7-step Problem Solving

麦肯锡
七步成事

麦肯锡成长练习生系列

孟劢——著

机械工业出版社
CHINA MACHINE PRESS

图书在版编目（CIP）数据

麦肯锡七步成事 / 孟勐著 . -- 北京：机械工业出
版社，2024. 12. --（麦肯锡成长练习生系列）.
ISBN 978-7-111-77010-7

Ⅰ. F279.712.3

中国国家版本馆 CIP 数据核字第 202418F5N2 号

机械工业出版社（北京市百万庄大街 22 号　邮政编码 100037）

策划编辑：许若茜　　　　　　　　　　责任编辑：许若茜　崔晨芳

责任校对：张勤思　张雨霏　景　飞　　责任印制：任维东

北京瑞禾彩色印刷有限公司印刷

2025 年 4 月第 1 版第 1 次印刷

147mm×210mm・10.25 印张・2 插页・374 千字

标准书号：ISBN 978-7-111-77010-7

定价：79.00 元

电话服务　　　　　　　　　　　　网络服务

客服电话：010-88361066　　　机 工 官 网：www.cmpbook.com

　　　　　010-88379833　　　机 工 官 博：weibo.com/cmp1952

　　　　　010-68326294　　　金 书 网：www.golden-book.com

封底无防伪标均为盗版　　　机工教育服务网：www.cmpedu.com

献给每一位坚持走在成长之路上的朋友们

6年前，我们在一起创立麦肯锡商学院的时候就曾经感慨：市面上虽然有不少关于麦肯锡方法的书，但大部分都是译作，而且年代久远。没想到6年后，孟劢自己用本土化的案例和幽默诙谐的文风讲解了七步解决问题的方法论，其中还融合了他多年来服务众多优秀企业的实践经验。这是我读过的最接地气的麦肯锡方法论的书，堪称深入浅出、能让人学以致用的大师级精品，值得每一位走在成长道路上的朋友阅读！

张海濛

隆基绿能副总裁

麦肯锡前资深董事合伙人

任何向他人提供知识、帮助他人解决问题的工作，都是一种专业服务。可以说，在知识经济时代，每一位职场人士都是专业人士。本书提炼了麦肯锡咨询师所开发的思维工具和从个人认知转化为企业价值的战略落地框架。《麦肯锡七步成事》为每一位专业人士（职场人士）提供了开展日常工作的核心工具与原则，是改变行为习惯的行动指南。阅读这本书，就如同在接受一位麦肯锡的合伙人的现场工作辅导。

作者孟劭老师曾在麦肯锡担任麦府学堂的校长。他潜心思考，用心总结，真心奉献，愿意蹲下身子，让各位读者踩在他的肩膀上实现个人发展。作为同辈，我毫无保留地表达对作者的尊重并推荐给更多的人。

吴卫军

德勤中国副主席

孟劭是我多年来一起并肩作战的好友，也是我见过的最优秀的培训专家。当他跟我分享这本书的成稿的时候，我感到万分惊喜。他的文字诙谐幽默，很接地气，就像他的课一样总是那么受欢迎，他把原本枯燥的七步成事法变得生动有趣，从而使更多渴望成长的年轻人受益。

唐蓓

麦肯锡前全球董事合伙人、大中华区组织业务前负责人

麦肯锡人才培养机制成熟高效，孟老师对它的理解非常深刻。这本《麦肯锡七步成事》结合了大量真实的应用场景

和新鲜活泼、具有时代感的案例，让年轻读者耳目一新，同时又能帮助他们学到硬本领。

张萌

作家，代表作《人生效率手册》

在 VUCA 时代，对复杂问题的综合解决能力将是企业急需的核心人才素养之一。结合了孟勐自身丰富的职场实战经验和扎实的理论基础，这本书将是提升职场人士软实力的必备宝典。

王戈

智联招聘集团联席总裁

孟老师的《麦肯锡七步成事》把麦肯锡的经典工作方法讲得很透彻，值得每个职场人去阅读学习，它可以帮助我们更高效地工作和处理问题。

李顺军

华夏基石高级合伙人

《领导力就是不装》作者

在职场打拼的读者朋友们，你们是不是每次遇到问题都感觉思绪像一团乱麻？别慌！世界顶级管理咨询公司带给你一套极为好用的"锦囊妙计"，这本超厉害的书，把麦肯锡的"七步成事"方法论讲得明明白白。

有了这本书，不管是职场新人还是资深人士，都能像"开挂"一样轻松解决问题。这本书用真诚亲切的语言把高级的智慧说得清清楚楚，书中的案例有趣，讲解细致，让人读完直接就领会了麦肯锡大咖的经验。信我，读它，下一个人生赢家就是你！

刘书博

中央财经大学商学院战略系主任

如果"拿结果"有套路，那套路一定是《麦肯锡七步成事》。

我敢保证，它与你之前所读过的任何晦涩难懂的麦肯锡七步法的书都截然不同。这本书非常易读且有趣。作者是经验丰富的讲师，他采用了多样化的教学方法，使用了丰富的案例、游戏，甚至是视频。书中既有练习，又有讲解，风格还很幽默。阅读此书，你宛如在听一堂培训课，在会心一笑间便掌握了知识点。

七步成事是一个激发深度思考的方法论。学习方法论仅是一个开端，须加以练习，并时常回顾，直至形成习惯。

魏方翌

约伯米企业管理咨询有限公司总经理

腾讯前人力资源副总监、美团前人力资源总监

系列总序

自从 2019 年麦肯锡商学院（后称"麦府学堂"）成立以来，一直有企业的朋友建议我写一套书，用更本土化和更贴合现实情景的文字把麦肯锡一些经典的工作方法讲透。内部创业走过 6 个年头，这件事在我内心慢慢从一句客套话变得严肃起来，我也越来越能够感受到这件事的价值和意义。这时候我悄然发现，在这段旅途中，我的内心逐渐开始从主要面向 B 端客户转向了主要面向 C 端客户，因为我们每个人都期待更美好的生活，我们每个人都需要提升职业技能，但职场中的大多数人却往往是被忽视的。

现实数据能够充分反映这样的现状。据统计，中国企业 2020 年将培训经费投入到高层管理者、中层管理者和基层管理者身上的比例分别为 15.9%、22.5% 和 16.6%（见图 F-1），合计达到 55%；而普通员工除了在刚入职时能够得到一定的培训资源，此后在直到晋升为基层管理者之前这长达数年的职业发展过程中，能够获得的培训经费只有区区 7%。考虑到庞大的人员数量，实际人均获得的培训经费几乎可以忽略不计。在有限的资源下，企业不得不把钱花在管理者的身上，于是大多数人的成长只能靠自己摸索。尤其是新进入职场的年轻人，原本想的是在企业里学习和成长，可实际的遭遇却是当头一棒，试错成本无比高昂。

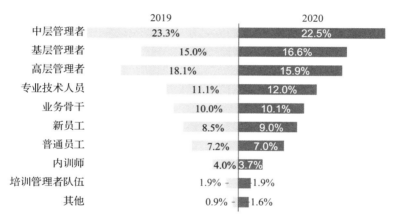

图 F-1　2019 年和 2020 年中国企业各类人员培训经费投入比较

注：由于数据四舍五入，合计数不一定为 100%。

资料来源：《2021 中国企业培训行业报告》，《培训》杂志。

　　即便是企业里能够获得资源投入的那一批人，成长也主要靠工作中的自我感悟，企业的培训不仅投入远远不够，而且很多钱都白花了。

　　从投入上看，美国企业 2021 年的人均培训费用为 1071

美元[⊖]，英国企业 2022 年人均培训费用为 1780 英镑[⊜]，而中国企业 2021 年人均培训预算只有 1600 元人民币[⊜]。而从效果上看，直到今天，我仍然见到相当多的企业培训以老师单向输出的课堂讲授为主。过去 6 年来麦肯锡商学院也接到了无数次客户咨询，邀请我们的顾问去讲几个小时的课。面对这样的需求，我向来是拒绝的，因为如此走过场的培训对人的能力提升几乎毫无意义。企业的人才培养陷入一种恶性循环。培训的内容和培训的方式不够科学，导致培训见不到效果，大家觉得浪费时间不愿意来；大家不愿意来，培训就更见不到效果，企业也就没有理由继续投入下去，或者干脆靠筛选来解决问题。

但问题是：企业可以通过筛选来代替培养，可是我们自己该怎么办？

这就是我决定在今时今日撰写这套丛书背后的原因。因为在现在这样一个充满了不确定性的世界，尤其是伴随着人工智能的快速发展，无论你是否愿意接受，时代都给每一个人施加了前所未有的成长压力，我们避无可避，只能硬着头皮披挂上阵。

那么，成长到底意味着什么，我们到底应该关注哪些能

⊖ 资料来源：2021 Training Industry Report，*Training Magazine*，https://pubs. royle.com/publication/?m=20617&i=727569&p=20.

⊜ 资料来源：Employer Skills Survey 2022，https://assets.publishing.service. gov.uk/media/65855506fc07f3000d8d46bd/Employer_skills_survey_2022_ research_report.pdf.

⊜ 资料来源：《2021 中国企业培训行业报告》，《培训》杂志

力呢？

针对这件事，多家权威机构展开了系统性的研究。麦肯锡在2018年发布了一份报告，这份报告专门在人工智能越来越普及、越来越多的工作岗位和职能受到威胁和挑战、工作方式不断更新迭代的时代大背景下，前瞻性地预判全球范围内未来哪些技能会变得越来越重要。从图F-2的研究结果我们可以看出，右上角未来需求更多、当前重要性也更高的那一部分技能几乎全部是高级认知技能与社交和情绪能力，比如领导力、沟通和谈判、批判性思维、创造力等。

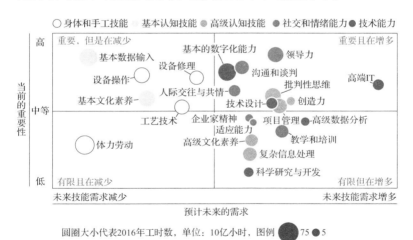

图 F-2　工作技能与趋势判断

资料来源：Skill shift: automation and the future of the workforce，麦肯锡全球研究院，2018 年 5 月。

2023 年初，世界经济论坛发布了一份针对未来就业的研究报告，其中最需要培养的 10 项技能与麦肯锡的研究结果高度接近（见图 F-3）。这些技能最显著的共性就是全部属于底层能力，与个人所从事的行业和职能基本无关。这也在一定程度上解释了为什么我们在工作中见到的或者了解到的优秀领导者，很多都曾经从事过不少的职业甚至行业，比如从销售开始，慢慢转到了市场，市场干得不错，接着又去管了运营，然后遇到一个契机，成了企业的高管。这种"斜跳"式的提拔在企业里非常普遍，其实背后就在传递着一种人才逻辑，就是"一个人行，干啥都行"。因为这些技能正是一个人的核心竞争力，是在各种场合以及环境下都普遍适用的。

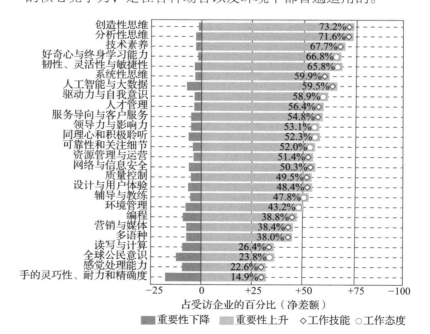

图 F-3 职场人未来需要培养的技能排名（2023 年版）

资料来源：《2023 年未来就业报告》，世界经济论坛，2023 年 4 月。

结合这两项研究成果，实际上不同行业、不同岗位和不同职能的"技能最大公约数"只有三项，也正是本套丛书的三大主题，分别是"如何解决问题""如何高效沟通"和"如何做出选择"。也就是说，无论你现在从事着什么样的工作，无论在外企、国企还是私企，甚至是在事业单位或者身为公职人员，需要专注和修炼的工作技能都是一样的。个人成长不需要"广撒网"，而需要"厚积粮"，你完全无须担心转行是不是会造成时间投入上的浪费。相反，专注于这三项底层能力的提升，会让你在跨越行业和职业时更加顺利。

麦肯锡的顾问就是活生生的例子。麦肯锡凭借这三套工作方法成为一家具有近百年历史的世界顶级咨询公司，足迹遍布全球 20 多个国家，业务涵盖了几乎所有行业和所有职能。麦肯锡每年都会斥巨资（2018 年超过 1 亿美元）开展内部培训，专注的恰恰是这三项能力。也正是这三套工作方法让麦肯锡顾问成为人才市场上的"香饽饽"，从来不愁找不到工作，反倒是常常成为被争抢的对象。

明确了学习的内容，最后我们再来探讨一下什么才是最有效的学习方法。

首先必须知道，成人的学习实际上分为两种，一种称为微学习（micro-learning，也就是人们常说的碎片化学习），一种称为宏学习（macro-learning，也就是所谓的严肃学习），两者的学习目的和学习过程完全不同（见表 F-1）。

表 F-1　微学习与宏学习的差异

比较项目	微学习	宏学习
学习目的	获得我现在所需要的帮助	我想要学习新的技能
学习过程	• 时长不超过两分钟 • 围绕某个主题或者具体问题展开 • 用提问的方式搜索 • 视频或者文字 • 提供索引，便于查找 • 以质量和利用率评判优劣	• 常常需要花费数个小时甚至很多天 • 围绕定义、概念、原则和实践展开 • 需要不断进行练习和反馈 • 需要有学习的榜样和交流对象 • 需要支持和辅导

资料来源：*Learning in the flow of work*，Josh Bersin，2018

　　微学习和宏学习各自的特点决定了两者只有相互结合才能真正提升一个人的能力，而近年来国内的环境却过度神话了微学习的作用，实际上这是完全错误的认知。我们从图 F-4 所示的一个人从初学者成长为资深专家的过程就可以看出，微学习实际上只能发挥提醒和强化的作用，而学习和构建新技能的概念、原则和体系，则需要通过长时间的宏学习来完成。只有经历了前面的宏学习，之后的微学习才有根基，新技能才会真正变成一种习惯，彻底改变我们的行为。而随着时间的推移和微学习刺激的停止，我们的技能开始下滑，直至出现新一轮从宏学习到微学习的进阶，我们才从"菜鸟"真正成长为一名高手。

　　如果不经历前面的宏学习而完全依赖微学习，我们的大脑就会在短短几分钟的过程中选择性吸收其中一部分符合过去习惯的内容，而自动屏蔽其余的和自己不一样的部分。所以这种所谓的学习过程实际上是一种"寻求认同"的过程，人只会在过去的工作方法和工作习惯的道路上越走越远，行为根本不会改变。我一直认为，国内相当多的知识付费产品实际上对工作技能提升的意义不大，主要作用是让我们原本被浪费掉的通勤时间变得有了那么一点意义，缓解了一些职场焦虑罢了。

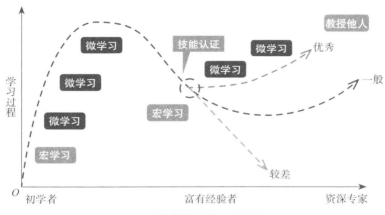

图 F-4　工作技能的学习和成长过程

资料来源：*Learning in the Flow of Work*，Josh Bersin，2018.

　　因此，如果大家真的想要提高竞争力，请给自己一点静下来的时间，专心致志地读一本书，听一门课，或者与自己的前辈来一次深度的对话。总之，严肃认真地开启这段旅程，然后再不断借助微学习强化概念、加深理解，逐渐达到融会贯通的境界。只有这样，这项新的技能才会成为真正属于你的东西。

　　与此同时，我们还需要认识到，成人学习的过程完全不是中小学时期"老师讲，学生听"的过程，我们只会在错误和挫折中成长。这就是很多企业培训在形式上越像学校课堂，最后培训效果越差的根本原因。因为上课的人已经不是小孩子了，大家不会老老实实听讲照做，所以最后大部分内容都只是左耳进、右耳出，留不下任何印象。即便课堂上讲解的内容是案例，最后也很难改变一个人的认知和习惯，因为听讲的人没有经历过案例中的那些故事，身心没有深度参与，很难设身处地感受到彼时彼刻的痛苦与纠结，也就无法形成记忆点，最终很快就忘记了。这些案例就像《伊索寓言》一样，每一个寓言都蕴含了很多宝贵的人生道理，却没有人由于阅读了这些故事而成为智者，因为只有亲身经历才可以。

所以，真正有效的学习过程不仅需要"踩坑"，而且需要"体验"。实际上过去 6 年，麦肯锡商学院无论在线上课程还是在线下工作坊中，产品的设计理念都追求沉浸式体验，遵循的也是同样的逻辑。尤其是我们在国内率先推出沉浸式剧本杀的线下教学，让学员朋友们暂时放下自己的职场身份，投入到一个全新的商业场景中，通过大量案例素材和与案例人物的互动来解决商业难题，多个小组通过不同的剧情路径进行比拼，最终也有开放性结局。这些设计都是为了让大家更加投入，反思更加深刻，学习更有成效，而不是为了看起来花哨。

在给这套丛书命名的时候，我和出版社的老师们颇费了一番脑筋，最终选定了"麦肯锡成长练习生系列"这个名字。

因为成长是我们追求梦想的必经之路，在我们内心的人生目标面前，大家全都是"练习生"的模样。因为热爱，所以我们愿意等待，等待着专属于自己的舞台。在这段独特的旅途中，我很荣幸能够陪伴大家一起成长，也期待着每一位读者朋友都能够活出自己想要的模样。

最后，预祝大家开卷愉快！

2024 年 10 月，北京

前言

　　我们每个人，每一天，无论工作还是生活，都在解决各种各样的问题。领导对工作成果不满意，我们要根据对方的反馈改进；客户对方案提出了新要求，我们要在原有设计的基础上增补；团队的业务发展遇到了瓶颈，我们要集合大家的力量一起想办法；家人在生活中遇到了麻烦，我们同样要想尽一切办法去解决。每到逢年过节，大家总是相互祝福"诸事顺遂"，其实这里的"顺"，指的就是在工作和生活中，所有的问题都可以得到圆满解决。

　　虽然我们的心愿是相同的，但解决问题的能力却天差地别。这本书的内容，就是把高效解决问题的方法论分享给大家，帮助每一位读者朋友把人生之路走得更顺。

　　作为全书的开篇，我想非常有必要在这里首先简明扼要地回答三个最关键的问题：第一，解决问题方法论是什么，也就是这本书讲了什么？第二，解决问题方法论适合谁用，也就是这本书给谁看？第三，章节和内容编排的逻辑是什么，也就是这本书该怎么看？

1. 解决问题方法论是什么——这本书讲了什么

解决问题方法论是一套由七个步骤组成的工作方法，使用起来能够提升我们的工作效率，要么在相同的结果下消耗更少的资源，要么在相同的资源投入下产出更好的成果。这七个步骤分别是定义问题、拆解问题、优先级排序、制订计划、展开分析、总结提炼和汇报建议，我们常常用下面这张图（见图 0-1）来展示这七个步骤。

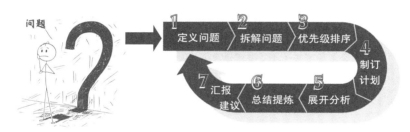

图 0-1 解决问题的七个步骤

之所以这七个步骤不是直线前进的，而是绕了一圈又回到了定义问题，是因为在实际应用的过程中，我们往往需要走过几个循环才能彻底解决问题，而且有的时候恐怕还会有新的问题不断涌现。比如，我们很幸运地接到了一笔规模很大的订单，工厂的现有产能没办法保证按期供货，那么我们就需要完善车间的排班，工人们也需要加班加点。所以一开始我们面临的问题是：如何通过优化生产排期来最大限度地提高产能。经过一段时间详细研究和测算，最终我们发现产能可以提高一倍，但是距离订单要求还有 5% 的缺口。这时候我们就遇到了一个新的问题：如何找到一家可靠的供应商帮我们补齐缺口，并且最终让买家满意。

区别于其他与麦肯锡工作方法相关的书，本书将纯粹从方法论教学的视角切入，帮助读者朋友们掌握一套高效的工作方法，而很少涉及麦肯锡是怎么做咨询项目的。说白了，这本书讲的是方法，而不是公司。如果有的朋友关心的是后者，那么很抱歉，这本书恐怕不是好的选择。

但如果你关心的是前者，那么相信这本书的内容不会令你失望。因为在这七个步骤里面，每一个都包含了相应的工具和诀窍，既容易理解，又方便应用。而且在这本书里，大家不会看到像《伊索寓言》一样古老的故事，也不会看到发生在遥远的大洋彼岸某个办公室里的案例。取而代之的是大量贴近现实的商业场景、应用在生活中的各种案例，甚至还有不少影视作品中的剧情和桥段。引用这些影视作品，目的是大家在闲暇时亲自观看，可以完全沉浸在剧情中，去感受当事人面临的困境，然后举一反三地把方法论内化到自己的行为里，有一些"云沉浸"的味道。所以在我的设想中，阅读这本书的过程是系统地建立全新思维框架的过程，而各位在事后的"云沉浸"观看影视作品则是反思和强化的过程，两者相互结合，方能"修成正果"。这种方式有趣有料，既很灵活也不老套，希望大家能够喜欢。

如果用一句话来描述这本书里面写了什么，那就是：一套高效工作的方法，时令新鲜素材，百年秘制配方，绝世好味。欢迎诸君品尝！

2. 解决问题方法论适合谁用——这本书给谁看

虽然解决问题方法论一开始出自咨询行业，但是经过近百年的发展，已经成了一套在工作和生活中普遍适用的方法论。所以，这本书无论对于什么行业、什么层级，都是广泛适用的。区别于其他一些书，本书既不讲述如何成为一名咨询顾问，也不涉及在顶尖的咨询公司里如何生存与发展，而是讲述一名普普通通的成年人如何在工作中拿到更好的结果，收获更美好的人生。

看到这里有的朋友可能会问：一套由咨询公司萃取出来的工作方法，真的能在我的工作场景中适用吗？

当然可以，而且非常可以。

事实上如果我们展开解决问题的七个步骤就可以发现，其中包含的工具和诀窍，本质上就是一种更好的工作习惯。在工作中我们也经常会看到一些人，他们之前完全没有接触过解决问题方法论，做事的方式和这套方法却不谋而合。我自己其实也是在加入麦肯锡之后才发现，原来有很多人和我看问题、做事情的方式非常相似。这时我才意识到，原来正是解决问题的能力让我从容完成了从理工科博士到石油天然气交易员，以及从战略咨询顾问再到商学院创始人的角色跨越。我没有害怕过从零开始，也没有抗拒过新的挑战，我对自己充满了信心。

如果你的工作成果总是遭到质疑，建议你阅读这本书。

如果你面对新的任务总是找不到工作思路，建议你阅读这本书。

如果你的时间和精力完全不够用，总是忙得昏天黑地，建议你阅读这本书。

如果你面对海量的数据和信息经常没有头绪，建议你阅读这本书。

如果你看到身边有比你更优秀的人，想要见贤思齐，建议你阅读这本书。

如果你感受到了自己职业发展的瓶颈，建议你阅读这本书。

如果你想要在人生的道路上站得更高，走得更远，我会建议你用心阅读这本书。因为你很快就会发现，提升解决问题的能力实际上就等同于推高自己职业发展的天花板。

3. 章节和内容编排的逻辑是什么——这本书怎么看

为了让广大的读者朋友们更好地吸收和应用这套方法论，本书在章节和内容的编排上有两点特别的考量，需要进行说明。

首先，这本书包含了大量的案例分析，我在书里也给各位留下了一些用来填写的空白之处。希望大家能够充分利用这些练习的机会，先自己独立思考，然后再拿着填写的结果对照后面的解析，这样才会有更多收获。各位把这本书当教材也好，当练习册也罢，总之千万不要太过爱惜，多涂多写，多折多画，搞得越破旧，就越对得起自己付出的时间。不少地方还暗藏了一些陷阱，希望大家把问题全部留下，把成长全部带走。为了让更多朋友能够从书中受益，本书选取的案例非常容易理解，读者即使不具备任何行业经验也能读懂，所需的信息都已经包含在了案例当中，大家尽可以按照自己了解的常识来充分发挥。而且这些案例全部以帮助大家吸收方法论为核心目的，如有雷同，实属巧合，还请各位切勿对号入座。

其次，尽管解决问题方法论一共包含七个步骤，这些步骤有着先后顺序，但是在撰写全书的过程中，我特意把每个步骤都独立了出来，形成七章，就像拳法里的七个招式一样，任何一个都可以单独拿出来应敌。每一个步骤的工具、窍门、案例、练习和心得体会统统都放在了一章里，所以每读完一章，对应的步骤就完成了从初识到拔高的全过程，方便大家的阅读和实践。

这样做，也许在有些人看来似乎把知识体系给割裂了，但好处是大家可以按需调用，非常灵活。确实，在实际应用的时候，并不是所有问题都需要完整的七个步骤，可能一个步骤或者两个步骤就足够了。如果我非要强调体系的完整性，好像不用上全部七个步骤就不能解决问题，就会给人捆住手脚的感觉，很不利索。

　　如果用一段电影剧情来比喻本书的编排逻辑，那么周星驰主演的《武状元苏乞儿》尤为贴切。在这部电影的最后，苏乞儿虽然拿到了降龙十八掌的武功秘籍，可里面却只有十七掌，死活找不到最后一掌。这时恶人赵无极已经发动了叛乱，苏乞儿只能硬着头皮仓促应战。虽然降龙十八掌威力无穷，但是仅凭前十七掌的功力，苏乞儿还是败下阵来。就在他绝望之际，一阵狂风吹过，掉落在地上的武功秘籍一页一页翻动起来。这时候他才意识到，原来把前面十七掌连起来就是第十八掌，于是一招便杀了这个罪大恶极的敌人。

　　怎么样，大家明白了吗？

　　写到这里，忽然又想起了多年之前的一桩趣事。那时候麦肯锡商学院刚刚起步，有一日我和团队同事们聚餐，酒过三巡之后气氛正浓，一群人就如何宣传解决问题方法论脑洞大开。记得那时候我突然灵光一现，想邀请《甄嬛传》里面的皇后做一个火爆全网的"臣妾做不到啊"的哭诉表情，接着镜头一转，旁边伶俐的小宫女拿着一本宝典——《麦肯锡七步成事》，眼睛一眨一眨地说道："娘娘，有了这个宝贝，您什么都能做得到！"

　　多年前的一些酒后疯语，夜半时分不妨博君一笑。

2025 年 2 月，北京

目录

推荐语

系列总序

前言

1. 定义问题——我们到底在解决什么问题

1.1	从一个小游戏说起	2
1.2	两段值得反思的故事	5
1.3	"快思考"与"慢思考"	8
1.4	做好两件事激活"慢思考"系统	12
1.5	简单问题用 SMART 原则来定义	16
1.6	复杂问题用问题定义表	23
1.7	神奇的问题背景 3 问	26
1.8	"M"只是成功标准的冰山一角	30
1.9	限制条件一小步，解决方案一大步	32
1.10	站在决策人的视角思考问题	35
1.11	不做传声筒，而做掌舵人	41
1.12	尾声	48

2. 拆解问题——我们用什么思路解决问题

2.1　从一场火爆全球的抓捕真人秀说起　　　　51

2.2　用议题树厘清思路　　　　54

2.3　该用哪些维度评判一位男士是不是理想的结婚对象

　　　　58

2.4　用 MECE 原则检验拆解问题的质量　　　　63

2.5　流程和相关方是两把不错的"解牛刀"　　　　66

2.6　回归商业案例　　　　70

2.7　生活中的案例　　　　99

2.8　好的议题树永远是定制的　　　　107

2.9　用假设树进一步提升效率　　　　111

2.10　尾声　　　　115

3. 优先级排序——我们如何最大化投入产出比

3.1　时间管理"四象限"法 ≠ 优先级排序　　　　117

3.2　个人任务的优先级排序　　　　121

3.3　复杂问题的优先级排序　　　　127

3.4　与解决问题的前两步结合起来　　　　135

3.5　尾声　　　　148

4. 制订计划——我们如何保障最终产出

4.1　缺少计划能有多糟糕　　　　152

4.2　影响一生的习惯　　　　154

4.3　用工作计划表来用好你的资源　　　　158

4.4　用甘特图作为补充　　　　161

4.5　一起帮我们的"Tony 老师"制订计划　　163

4.6　做不好计划莫怪 MBTI　　176

4.7　尾声　　181

5. 展开分析——我们如何进行一项分析

5.1　藏在迷雾中的真相　　184

5.2　定性分析　　187

5.3　定量分析　　193

5.4　尾声　　202

6. 总结提炼——我们的结论到底是什么

6.1　最厉害的人是谁　　205

6.2　工作中的总结提炼　　207

6.3　从阅读图表中学习提炼方法　　210

6.4　用更多的图表磨炼提炼能力　　221

6.5　尾声　　260

7. 汇报建议——我们如何说服他人接受建议

7.1　用"S-C-I 故事框架"应对非正式汇报　　263

7.2　书面材料必备报告摘要　　270

7.3　汇报陈述要讲个好故事　　273

7.4　更高的境界——人设与情感　　278

7.5　尾声　　283

后记　最后送给大家的话　　285

附录　核心工具与原则　　289

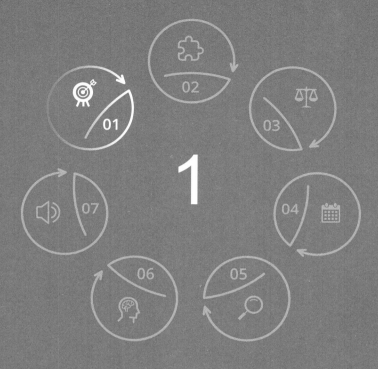

1

定义问题

——我们到底在解决什么问题

花一秒钟就看透事物本质的人，和花一辈子
都看不清事物本质的人，注定是截然不同的命运。

——电影《教父》

1.1　从一个小游戏说起

在探讨如何定义问题之前，让我们不妨先通过文字来一起做个小游戏。游戏规则是这样的：

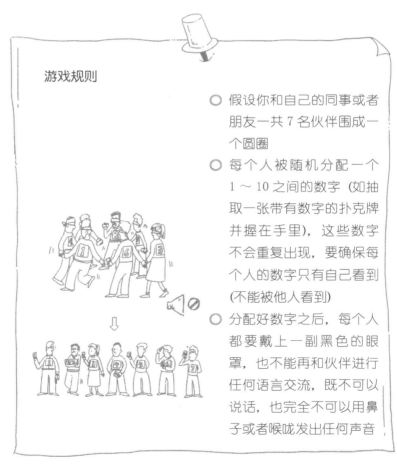

游戏规则

◎ 假设你和自己的同事或者朋友一共 7 名伙伴围成一个圆圈

◎ 每个人被随机分配一个 1 ～ 10 之间的数字（如抽取一张带有数字的扑克牌并握在手里），这些数字不会重复出现，要确保每个人的数字只有自己看到（不能被他人看到）

◎ 分配好数字之后，每个人都要戴上一副黑色的眼罩，也不能再和伙伴进行任何语言交流，既不可以说话，也完全不可以用鼻子或者喉咙发出任何声音

大家的任务是用最快的速度完成排序，队形从圆圈变成

一条直线（横竖皆可），顺序既可以是从大到小，也可以是从小到大，中间不能有错误。

现在距离游戏开始还有 5 分钟，大家准备听你的安排来完成这项任务。我们不妨仔细思考一下：应该采取什么样的战术呢？

虽然不知道大家具体做了什么打算，这里不妨让我猜测一下各位的思考过程。显然沟通是最大的挑战，不仅看不见，而且不能借助声带传递信息。我们日常生活里最高效的信息交换器官都被限制了，大家自然而然就会寻求各种替代方案。往手心上写字和拍手跺脚是最容易想到的办法，也是我们在现场实际玩这个游戏时最常见到的。至于哪一种更好，每个人可能会有不同的倾向，就算有些纠结，好歹传递信息困难的问题似乎解决了。

即便找到了可靠的信息传递手段，我们的游戏战术也只完成了一半。接下来要如何排队呢？

一般来说有两种办法：一种是集权的办法，一种是分权的办法。集权的办法是把信息都汇总到一个人那里，由汇总信息的人收集数字、完成排列。但如果实际玩一次这个游戏你就会发现，这种办法的耗时往往都在两分钟以上，甚至有时候会超过 5 分钟。因为在这种"一个人很忙、一群人很懵"的模式下，信息的传递效率很低，虽然排列不会出错，但速度实在很慢。

而分权的办法就不需要汇总信息，而是要求每个人自己找位置、自己做出行动。这也是大家八仙过海各显神通的机会，我就曾经见过各种各样有趣的战术。有的团队围在一起先拍一圈手或者先跺一圈脚，有的团队约定了大致的空间方位后一秒散开、各自摸索，有的团队约定了心里默默读秒把握节奏来防范数字跳跃诱发的错误，可以说五花八门。但无论采取哪种方式，整体来看分权的办法都要比集权的办法效率高很多，常常 1 分钟左右就能顺利完成，而且很少出错。

但是，1 分钟就足够快了吗？

当然不够，远远不够。一个令人吃惊的事实是，在我亲身经历的现场游戏里面，到目前为止时间最短的纪录是大约 8 秒钟。7 人小组，数字完全随机分配，从确认开始到队列完成，一共不到 10 秒钟。

这是怎么做到的？是什么导致了如此悬殊的差距呢？

其中的关键就在于如何思考问题。或者更加准确地说，取决于如何定义问题。在那段关于游戏规则的描述里，大部分内容都十分明确，条件也很清晰。唯独"用最快的速度完成排序"这句话是模糊的。最快是多快呢？没有具体的数值。我们每个人都会有不同的理解，而深深埋藏在我们内心深处的对于"快"和"慢"的认知和判断，就成了限制我们想象力的枷锁。

如果我们稍稍修改一下游戏的规则，把"用最快的速度完成排序"改成"在 10 秒钟之内完成排序"，情况会发生什么样的改变呢？我想没有人还会把集权式的战术纳入考虑范围，因为每个人都必须动起来；也没有人还会用往手心上写字的办法传递信息，因为所有耗时的动作自动会被淘汰；大家对排错顺序的容忍度也会大幅度降低，因为不可能还有检查和纠错的时间。

这就是为什么我非常喜欢这个小游戏。我们如何定义一个问题，将完全决定未来我们的一切行动。

然而令人遗憾的是，即便适当放宽一些"快"的标准，根据我个人的经验，成绩在 20 秒钟以内的小组实际上也连十分之一都不到。也就是说，绝大多数人在看到游戏规则之后，连什么叫"快"都没有想过，就立马开始琢磨战术了。而游戏规则还给我们创造了巨大的困难，眼睛看不见，嘴巴不能发出声音，实在是难受得要命。于是我们的注意力就会不知不觉地聚焦在眼前的困难上，有效地传递信息是重要的，正确地完成排序是重要的，却忘记了实际上"快"才是最重要的。但如果我们事先把"快"界定清楚，再设置一个 10 秒钟以内的量化标准，相信大家很快就会想到最优的战术：以一位小伙伴作为参照物，游戏开始后每个人根据数字自己移动到事先指定的相对位置上。采用类似这样的战术进行游戏，在 20 秒钟之内完成排序，可以说是相当轻松的。

1.2　两段值得反思的故事

思维方式的不同给人带来的影响在现实工作和生活里远比在游戏中更加深远，有时候甚至会改变人类发展的进程。有两段值得反思的故事多年来我一直记忆犹新，因为它们分别展现了定义问题对于单独个体和人类社会无法比拟的价值。

　　20多年前的一个夏天，那时候我还在清华大学读书，暑假没有回家，而是留在北京一边做家教赚点零花钱，一边和几个要好的同学打打游戏，一道在北京到处逛一逛。在辅导过的学生里面，我对一个正在读高中的孩子印象很深，这么多年过去了，当时的情景还清楚记得。

　　在我之前，这个孩子其实已经有过不止一个家教了。用家长的话说，就是感觉孩子没有掌握好的学习方法。这个孩子真的很努力，每天不玩游戏也不看电视，确确实实在房间里学习，刷题的数量也很多，可成绩就是上不去。这个孩子也很老实，和之前几个家教相处得也不错，讲的东西也能听懂，但考试分数和排名始终在原地踏步。眼看着高考临近，家长越来越着急，反反复复和我说，希望我能好好带带这个孩子，帮他提高学习成绩，第一次上完课时还特意给我准备了一份小礼物。

　　这样的情景，我想很多人一点都不陌生。对于绝大多数中国孩子来说，高考的重要性毋庸置疑。每一位家长都希望自己的孩子能好好学习，平时把功夫下足，到了高考能有好的发挥，考出好成绩，进入心仪的大学。

　　可是，什么叫"好好学习"？孩子到底应该怎么做才叫"好好学习"？每天几乎不睡觉，刷题无数遍？恐怕有很多孩子已经在这样做了，但很多辛勤的付出却没有看到回报。就像我带过的这个孩子，没有人会质疑他的学习态度，家长其实也很心疼，而且在讲解具体题目的时候，孩子的反应并不慢，甚至像算数这样的基础技能还挺熟练的。那么到底是哪里出错了呢?"好好学习"这几个字在那个年代,到底应该怎么做呢?

　　另外一段故事则关系到图灵机的发明,电影《模仿游戏》生动地还原了那段历史。

　　二战时期,德军使用的恩尼格玛密码机,是当时全世界最领先的通信加密设备。德军在几乎所有重要的军事行动中都使用恩尼格玛密码机加密后的电报进行通信,每一次突袭行动、每一次军事调遣和大西洋上每一艘潜艇的具体位置,都蕴藏在德军的电报中。这些电报极易截获,哪怕一名高中生,只要有基础的设备都可以做到。虽然盟军每天都能截获数千条德军电报,但是如何破解这些电报的内容令所有人一筹莫展。

　　这台精密的设备之所以如此强大,是因为它设置的字母对应关系一共有 159×10^{18} 种。虽然英国人通过波兰情报机构从柏林弄到了一台恩尼格玛密码机,但是德军每天午夜都会准时更改机器的设置。通常盟军每天早上六点会截获第一条电报,也就是说他们每天都只有 18 个小时来尝试破解由恩尼格玛密码机加密后的电报内容,否则第二天就要从头开始。

　　为了打赢战争,英国组织了一支由数学家、国际象棋冠军和顶级解码员构成的破译团队,尝试"击败"这台设备。他们的时间无比宝贵,因为盟军每分钟都有 3 名军人由于这台设备的存在而失去生命。

　　面对这样一道世界顶级的难题,他们到底该如何应对?

1.3 "快思考"与"慢思考"

蒙住眼睛、堵住嘴巴的数字排列游戏，勤奋而又不得其法的高中少年，一屋子面面相觑却又十分绝望的破译员，其中的共同点究竟在哪里？

诺贝尔经济学奖得主丹尼尔·卡尼曼的经典之作《思考，快与慢》告诉我们，人类有两种思考模式：快速直观的感性"快思考"与深入细致的理性"慢思考"。"快思考"效率很高、毫不费力，主导着我们日常生活中大部分的判断与决策，但是很容易受到认知偏差和心态、情绪的影响；相反，"慢思考"则像一套处于沉睡中的系统，平常很懒惰，需要我们有意识地调动更多精力和自我控制才能激活，但是它能够通过深入、系统的分析避免快思考的偏见和误判，使我们的决策更加理性和周全。

人类的进化决定了"快思考"和"慢思考"的这种分工，能耗小，效果也不错。通常情况下"快思考"运转得很好，我们对身边的很多事情都可以凭借直觉做出判断，我们的反应基本上也是迅速并且恰当的。也正因为如此，遇到问题时我们脑海中出现的第一个想法往往来自"快思考"。然而在情况变得复杂时，就像我们刚刚谈到的 3 个场景，无论数字排列游戏、准备高考，还是破解德军的加密设备，依靠直觉的"快思考"都会令我们陷入困境。

由于"快思考"是人类思维中直觉化的部分，负责迅速给出判断和决策，所以常常表现得像一名心急的消防队员，眼睛里不能容忍"火"的存在，哪里"着火"就去哪里"救火"，哪里出现状况、哪里有违常理，第一时间就要行动起来，赶紧把不对劲的地方给修正过来。于是在数字排列游戏的场景下，"快思考"会立刻锁定"沟通障碍"这个困难，然后用最容易想到的办法解决。因为既看不见东西，又不能讲话，这简直太难受了。假如没有这些障碍，排序简直太简单了。所以很多朋友连最终的目标到底是什么都没有想过，就急匆匆开始讨论到底是跺脚还是拍手。

当"快思考"指向的行动和大多数人普遍的行为一致时，由于从众心理的作用，"慢思考"将变得更加难能可贵。以上情形在高考这样的场景下分外突出，大家都在拼命学习，我们就很容易照着别人的样子去努力。别人看书到 10 点，我们就到 11 点；别人看到 12 点，我们就不睡觉。大家都在这样做，我们这样做也不会有错。这就是"快思考"带给我们的答案，恐怕也是很多朋友实际的日常状态。

高考是一次在有限的时间内完成的、一年只有一次机会的、不允许携带任何资料的考试，而且院校的录取只看分数高低。高考会重复过去的题目吗？当然不会。有办法押中高考的题目吗？概率极低。那么高考到底是在要求学生们做一件什么样的事呢？

高考真正要求学生们做的，是在有效的时间内把所有"会做"的"新题"都做完、都做对。

高考是一个检验场景，而不是一个学习场景。面对一份崭新的试卷，考生需要对每一道题目都进行一次快速的评估，判断这道题是否在自己的能力范围之内。如果反复阅读题干仍然没有解题思路，这道题大概率就是自己不会的东西，或者考前复习时被遗漏的知识点，着急也没有办法。这时候最应该做的事情就是暂时放弃，优先做其他的，最后有时间再回来试试。如果这样做，考生就会发现自己在考场的心态一直是平和的，时间也不会因为情绪的起伏而被无谓地浪费。

认识到这一层，我们就会意识到，准备高考最关键的是培养两项能力：一项是快速判断和筛选的能力，另一项是准确解新题的能力。而这两项能力其实都在指向同一件事，那就是建立考生自己的知识检索体系。

那个夏天我给那个孩子上了四五次课，他的时间实在太满了。在那几次课里，我以高中数学"不等式"这个篇章作为切入点，给他讲了一套学习方法，核心就是建立一套属于自己的检索系统。就"不等式"而言，最常见的求解思路包括替换法（用一个字母代替一大串复杂的表达式来简化方程结构）、三角函数法（借助三角函数的特殊关系进行求解）、基本不等式法（借助 $a^2+b^2 \geqslant 2ab$ 进行求解）和图形法（借助二维函数图不同曲线之间的相对位置关系进行求解）。这 4 种求解思路加起来基本可以解决近 80% 的问题，如果两两结合，恐怕已经覆盖超过 95% 的题目了。那几次课里我们并没有讲解太多具体的题目，而是把大多数时间留给了如何判断题型和归类知识点上。而且我还告诉他，在清华，同学们之间讨论得最多的一个问题就是：你觉得这个知识点老师会怎么出题？

在我们那个年代，高中生涯多数时间都在刷题。然而刷完题以后，是否能够沉淀一套属于自己的知识检索体系才是其中的关键。大部分同学完全没有想过遇到新题应该如何思考，自然而然也没有花时间整理知识点，更没办法从出题人的视角来理解考试。这就导致在平时刷题的过程中，大家在乎的只是题目做对了还是做错了，而不是形成高效的解题思路。所以虽然做了很多题，但考试的时候只有最熟悉的一小部分手到擒来，其余的部分都要靠临场发挥。相反，如果我们每做完一次题都梳理一遍知识点，对照着标准答案来巩固自己的知识检索体系，解题思路就会慢慢固化成几个步骤，不再依赖在考场上的灵感。所以学霸并不一定智商比别人高，刷题可能反倒比别人少，但往往更加自律，更加理解考试是怎么一回事。

　　除了以上两个特征，"快思考"还会导致我们习惯成自然，也就是形成所谓的"路径依赖"。当我们使用某种手段获得了成功，大脑就会记录此手段有效，未来再遇到类似的新问题时，这种手段就会被优先调用。而当我们反复使用同一种手段时，记忆就会被强化，慢慢就会形成习惯，逐渐变成了大脑的一种条件反射。而且经验越丰富，过去成功的案例越多，克服"快思考"的阻力也就越大。

　　在《模仿游戏》的故事情节中，"快思考"和"慢思考"就给出了两个完全不同的问题定义，使得电影的主人公图灵和小组的其他成员走上了截然不同的道路。由国际象棋冠军领衔的小组成员仍旧用过去惯常的方法来破解密码，他们每天没日没夜地工作，除了偶尔能够破解出零星几条电报以外，几个月过去了，他们的工作可以说毫无进展，每一天都要从头开始。而图灵却早早意识到不可能用人脑来对抗一台强大的机器，他们需要制造出一台更厉害的机器，用机器来打败机器。

起初图灵的行为遭到了所有人的反对，他的特立独行被贴上了"自私自利"的标签，甚至建造中的机器都差点被砸坏。不过幸运的是，经过一段时间的挣扎和抗拒，其他成员终于认同了图灵的想法，齐心协力完成了图灵原型机的建造，并最终破解了恩尼格玛密码机，帮助盟军打赢了战争。图灵对破解恩尼格玛密码机这项任务理性而深刻的理解为全世界带来了和平，也为计算机这项人类历史上最伟大的发明奠定了基础。

1.4　做好两件事激活"慢思考"系统

那么怎样才能更好地对抗自己的天性，让患"天生懒癌"的慢思考系统勤快起来呢？我们需要做到两件事。

第一件事就是克制住自己马上行动起来的冲动，不要快速下结论，因为最快、最早出现在脑海中的想法都来自我们的直觉，而它们常常受制于我们过往的经历与偏见，"快"和"好"往往是相互矛盾的。

在日常工作和生活里，同一个问题交给不同的人来解决，过程和结果都有可能大相径庭。比如同样是一款产品滞销，有的人会第一时间考虑如何降低成本和价格，提高产品在客户端的吸引力，因为薄利多销的手段在过去有过很多成功的案例，令人深信不疑；有的人会回顾过往客户的反馈，看看到底是哪些人曾经购买了该产品，现在却不买了，是客户服务出现了问题，还是竞争对手提供了更好的解决方案，因为和对手打价格战不可持续，薄利多销很可能导致恶性循环，同样有很多企业凭借优质的、差异化的客户服务打开了局面，极具说服力；而有的人则会把所有精力都投入到直播带货上，因为这是当下最火热的潮流，跟不上市场变化就落后于整个时代了。

同样一个问题，我们却看到了三种完全不同的问题定义，每一种看起来都很有道理。那么到底哪一种才是对的？或者说，哪一种才是最有效的？我们恐怕需要以更加全局性的视角去寻找答案，搞清楚产品滞销背后的原因，然后再提供解决方案。上面的三位朋友恐怕并不是不想好好解决问题，而是还没有问"为什么"就早早下了结论。

有这个意识不难，但真正做到却并不容易，因为我们需要逐渐培养出一种新的习惯，用这种新的习惯来对抗我们的思维惯性。"快思考"总是立刻就给我们提供一个现成的答案，既省时又省力。当遇到复杂、困难的问题时，我们不仅要付诸心力抵御天性，顶住"快思考"的诱惑，还需要用系统的方法激活自己的"慢思考"系统，来看透问题的本质，找到真正有效的方案。

　　　所以第二件事就是学习并不断实践一套系统的
方法，通过一段时间的刻意练习让我们的大脑形成
所谓的"肌肉记忆"。

很多刚开始接触或者学习方法论的朋友，难免会感到
有些不适。为什么呢？因为这和我们过去做事情的方式很
不一样。就以本书的主题来说，解决问题需要七个步骤：定
义问题、拆解问题、优先级排序、制订计划、展开分析、总
结提炼和汇报建议。好像到了第五个步骤才真正开始动手干
活，前面四个步骤一直在思考，人都要急死了。然而也正因
为如此，这套解决问题的方法论才能帮助我们破除经验主
义，真正调动起埋藏在我们大脑中的深度思考能力，直击问
题的本质。所以刚开始的时候，大家感到有些程式化、模板
化，是再正常不过的反应。只要坚持一段时间，我们自己就
会慢慢习惯这种思维方式，"慢思考"系统的"懒癌"就被治
好了。

　　麦肯锡的咨询顾问们就是把这两件事做到极致的一群人。
究竟有多极致呢？这里不妨和大家分享一件有趣的小事。

　　好几年前我曾经赴日本参加一次麦肯锡给员工组织的内
部培训。其中有一个好玩的游戏，叫作"餐厅即兴演奏"，令
我记忆犹新。游戏的背景是在新加坡的一家餐厅，餐厅的经
营人员邀请了一群演奏家现场表演节目，而我们的任务就是

作为演奏家登台表演。现场当然没有给我们准备任何乐器，因为原本的设计也不是要我们展现才艺。不过大家可以使用培训现场的任何东西作为道具，甚至还配备了五六名真正的管弦乐手配合我们。准备时间有一个小时，所有学员分成 3 个小组各自行动，最后同台比拼。

大多数人面对这样一个注定"洋相百出"的游戏，恐怕第一时间都会在教室里想尽办法寻找可以发出声音的道具：装了沙子的矿泉水瓶、可以敲敲打打的玻璃杯、能"呜呜"吹响的纸筒等。总之先找几件"乐器"，然后挑一首勉强可以演奏的曲子，由几位管弦乐手担任主角，手持自制"乐器"的伙伴们担任配角，排练几次以后，硬着头皮登台。

然而这群麦肯锡咨询顾问却不是这样做的。

大家聚在一起首先讨论的问题，竟然是演奏的听众是谁，这场演奏的目的是什么。于是我们跑去问组织者更多信息，得到的反馈是大家可以自己进行合理推测。接着我们很快达成共识，餐厅很可能是遇到了某个重大的节日，所以才邀请乐队进行表演。而新加坡又是一个多民族的国家，人口主要由华裔、印度裔和东南亚本土居民组成，所以我们的作品最好能同时兼顾以上这三种文化背景的人群。

于是我们的乐曲就被分成了三个篇章，不仅演绎了东南亚文化，而且包含了一段热闹非凡的打击乐和现场伴舞来体现印度文化，后面还设计了一段朗诵来体现中华文化，咨询顾问们站到了台前担任主角，而几位艺术家则配合我们的故事情节很好地烘托了氛围。台上的一群人玩得十分尽兴，台下的观众们也看得津津有味。因为他们不仅听到了音乐，也从我们的表演中领会到了三个篇章各自想表达的意思。

这恐怕不仅仅是把解决问题的方法论形成了习惯，而是已经融入了自己的血液啊！

1.5　简单问题用 SMART 原则来定义

遇到只和当事人自己相关的、情形相对简单的问题，SMART 原则是非常好用的方法，能够有效帮助我们建立起良好的思考习惯，从一开始就准确地定义问题。

所谓 SMART 原则，指的是定义问题的五项准则，包括具体的（Specific）、可衡量的（Measurable）、可执行的（Actionable）、有相关性的（Relevant）和有时效性的（Time-bound）（见图 1-1）。遇到实际问题时，我们总是希望用一句符合 SMART 原则的话把要解决的问题描述清楚，比如"我需要在两个月内找到一家可靠的合作伙伴，将饮料产品在河南省的销售量提高 20%"，这句话就是一个非常符合 SMART 原则的问题定义。

SMART

| Specific | Measurable | Actionable | Relevant | Time-bound |
| 具体的 | 可衡量的 | 可执行的 | 有相关性的 | 有时效性的 |

图 1-1　SMART 原则

　　SMART 原则实际上是一种反思性的提醒，代表着 5 句"灵魂拷问"，避免我们过早下结论。

　　"S"提醒着我们，现在的问题定义足够具体了吗，还是有些空泛？就以"我需要在两个月内找到一家可靠的合作伙伴，将饮料产品在河南省的销售量提高 20%"为例，如果没有明确产品是饮料、区域是河南，我们的问题定义就不够具体，后续的工作就容易出现无用功。

　　"M"提醒着我们，我们有可衡量的目标了吗？到底什么算优异，什么算良好，什么算及格？后续我们如何评估自己的工作成果？就以开篇我们讲到的数字排序游戏为例，"快"是个什么概念？我们需要做到什么程度才能算"快"？

　　"A"提醒着我们，现在的问题定义有实操性吗？我们具体需要做什么？这样做有意义吗？问题定义的目的不是写出一句逻辑严谨的漂亮宣言，而是高效地解决问题，所以我们不仅要思考眼前的问题是一篇划定了范围的"命题作文"（例如"我需要在两个月内找到一家可靠的合作伙伴"），还是一道有着广阔发挥空间的开放性问题，还要思考我们的衡量指标是否合理，因为指标太低没有意义，指标太高又十分容易放弃。

　　"R"提醒着我们，我们在解决真正的问题吗？我们接下来要做的事情，是否和最终目标有着必然的逻辑关系？尤其是那些划定了范围的"命题作文"，我们实际被交办的任务是和我们听到的字面意思完全一样，还是需要我们重新思考、重新定义？

"T"提醒着我们，我们还有多少时间？接下来还有哪些重要的时间节点？有哪些因素会影响所需时间的长短？

为了让大家更好地体会 SMART 原则在工作中的妙用，这里我们不妨用一段生动有趣的电视剧剧情来给大家举个例子。

2021 年有一部名叫《正青春》的都市职场剧在网络上热播。其中有一段剧情是女主角章小鱼正在和女二号林潇潇竞聘 SW 公司华东区销售总监林睿的助理。两个女孩都很优秀，林睿为了考察她们的能力，出了一道相当有难度的试题。只见她拿出两支口红放在面前的桌子上，说道："这是我们公司的新产品，我给你们的成本是专柜价格的五折。时间是两个小时，地点是这栋大楼内，比拼的目标——销售额。"接着一旁的同事便把两个手提袋分别递给了两个女孩。

面对这样一个问题，一句符合 SMART 原则的问题定义应该长什么样子呢？

"具体的"这个要求很好满足，就是在这栋大楼里卖口红；"可衡量的"这个要求也很好满足，总监已经说了，看销售额；"可执行的"这个要求在此场景下是天然符合的，因为不管如何完成销售，都要立刻去实践，所以当然会是可执行的；"有时效性的"这一条也很清楚，两个小时。最后只剩下一个"有相关性的"，好像和"可执行的"一样也是天然符合的，难道我们还要做与卖口红无关的事情吗？所以照此分析，一句符合"SMART 原则"的问题定义就应该是：两个小时内，在这栋大楼里卖出尽可能多的口红，获得尽可能高的销售额。

　　那么，这就是一个好的问题定义了吗？

　　有的朋友可能很快就会发现，就像开篇的数字排序游戏缺乏"快"的量化标准一样，这里我们同样不知道什么是"多"、什么是"高"，上面的问题定义其实并不是"可衡量的"，所以给予差评；还有的朋友可能会说，看了这个问题定义我还是不知道接下来做什么。我们是通过打电话来卖口红呢，还是上门销售呢？口红又准备卖给谁呢？所以上面的问题定义其实并不是"可执行的"，所以再次差评。

　　两种意见都对，然而都没有击中这个问题定义最致命的要害。

　　在我多年的教学经验里，我发现大家在刚刚开始学习一项方法论的时候，经常会机械性地照搬，用新学的框架和原则来生搬硬套。比如在练习使用 SMART 原则定义问题的时候，很多朋友经常会陷入一些无谓的争执，大家彼此挑毛病说：你看你的问题定义里没有这一条、少了那一条，所以你的问题定义不完整，需要完善。

　　但实际上 SMART 原则并不是一个死板和教条的东西，而是很灵活的、追求实用的东西。并不是所有问题都会用到完整的 SMART 原则，所以"少"并不一定意味着"差"。

　　回到刚才的问题定义：两个小时内，在这栋大楼里卖出尽可能多的口红，获得尽可能高的销售额。为什么没有做到"可衡量的"和"可执行的"并不是这个问题定义最致命的要害呢？

　　首先，就我们已知的信息，恐怕现在还很难给出一个十分量化的可衡量指标。作为一名初入职场的销售人员，对两个小时内在这栋大楼里能够卖出多少口红恐怕是完全没有概念的。50 支？100 支？还是 500 支？这个数字是怎么来的？这个指标本身是"可执行的"吗？其次，销售总监林睿显然出的是一道开放性问题，而非一篇命题作文。如果在问题定义阶段就锁定了电话销售或者上门销售，那岂不是早早就下了结论？

　　所以这两个所谓不符合"SMART 原则"的"错误"，都是被方法论和框架束缚了思想的"文字过失"，有点鸡蛋里挑骨头的意味，对解决问题其实一点帮助都没有。

　　而剧情里的女孩们是如何做的呢？领到任务离开会议室以后，我们的主角章小鱼没走几步又折了回来，询问卖光了纸袋里的口红是否还可以补货。林睿抬起头看了看这位年轻的姑娘，告诉她大楼里大约有 5000 支的库存，她大可以放心去卖。

　　5000 支！

　　这下我们得到一条宝贵的信息，可以据此设定一个合理的衡量标准了。但是这个数字太过庞大，我们应该设多少呢？500 支？1000 支？还是 2501 支？而这个时候，这个问题定义"两个小时内，在这栋大楼里卖出尽可能多的口红，获得尽可能高的销售额"真正致命的缺陷才开始浮出水面。

　　这两个女孩现在正在做什么？她们在竞聘销售总监的助理。她们现在是 SW 公司的销售人员了吗？当然还不是，她们连正式员工都还不算。那么卖出 500 支还是 1000 支口红，和她们最终要解决的问题有必然的逻辑关系吗？

讲到这里，相信大家已经发现了一个我们平常极易忽略的逻辑断点：两个女孩追求的并不是销售额绝对数量大，而是要比对方的多。所以真正符合 SMART 原则的问题定义应该是：两个小时内，在这栋大楼里尽可能把这款口红的销售额卖得比对方的高。

这就是隐含其中的那个可怕的"有相关性的"。

刚开始运用 SMART 原则的朋友，特别喜欢"具体的""可衡量的""可执行的"和"有时效性的"，因为这四项准则非常清楚，很好实践。唯独这个"有相关性的"，似乎总也找不到出镜的机会。但其实这一项才是最隐蔽、最关键和最深刻的。我们接到的任务和我们最终要实现的目标是否能画上等号？两者的相关性在哪里？没有在这两个问题上动足脑筋，我们的工作就很容易变成复读机，接到了什么样的工作指令，马上照着字面意思去理解和执行。结果辛苦了半天，最终却毫无成效，甚至带来了灾难性的后果。

我自己就曾经见证过一次类似的反面教材。那是一次公开的招投标，由于客户的工作计划突然发生改变，导致整个流程被极度压缩，完成前期沟通后，客户在 24 小时内便委托第三方机构发出了公开招标公告，而应标单位需要在之后的48 小时内提交完整的投标材料。时间紧、任务重，负责具体方案的销售人员便请求负责运营的后台同事"按照'应标要求'准备配套材料"。于是，后台的同事在这份超过 100 页的公开邀标书里找到"应标要求"这个章节，逐项比对，一一按时提交。

不出意外的是，意外发生了。在最终的讲标现场，我们的投标材料里竟然少了两份辅助材料。由于应标时效已过，这两份材料逾期不能补交，只能被无情扣分，于是我们在商务标中所有产品和服务的优势瞬间荡然无存。原来，由于这次招标的时间安排太紧，客户委托的第三方机构根本来不及反复检查公开邀标书里面的内容，导致针对应标单位提交材料的要求前后不一致。大部分需要提交的材料都列在了"应标要求"这个章节里，而另外两项却放在了文档的其他章节里。

在卖口红的案例里，对"有相关性的"这一项的思考决定了她们到底是只关注自己、拼命往多了卖，还是也关注对方，想办法做得比对方好；而在公开招投标的案例里，对"有相关性的"这一项的思考决定了我们的问题定义到底是"48小时内完全遵照'应标要求'准备材料"，还是"48小时内协助销售人员准备一份能够赢得这次商机的标书"。我们不仅需要责任心和努力，还需要系统的方法来更有智慧地推进工作。

回到《正青春》的剧情中。聪明的章小鱼杀了个回马枪，知道了大楼里有5000支口红，而林潇潇也绝非等闲之辈。虽然她没有回去问清楚口红的数量，但是更早意识到竞赛的目标不是比拼绝对数量，而是要比对方卖得多。所以她不仅跟踪了章小鱼，复刻了章小鱼的销售策略，还额外多和几家公司的前台达成了合作，让这些前台姐妹帮助自己销售口红。

那么这场博弈林潇潇是否就稳操胜券了呢？章小鱼的销售策略又是什么呢？让我们不妨先卖个关子。

1.6　复杂问题用问题定义表

如果要解决的问题涉及更多的相关方，不仅仅和直接的当事人有关，而是情况变得更加复杂了，那么光用 SMART 原则就不够了，我们就需要使用更加强大的工具——问题定义表。

一份完整的问题定义表共包含六项内容，分别是问题定义、问题背景、成功标准、限制条件、决策人和相关意见方（见表 1-1）。为了方便使用，表格中的每一项内容都包含了几个极具普适性的问题，需要使用者深入思考、用心作答。所以使用问题定义表的过程实际上就是一个回答并填写问卷的过程。如果要解决的问题是一个团队的集体任务，那么填写过程就需要团队的所有成员一同参与，确保最终的问题定义表既体现了集体智慧的结晶，也赢得了所有人的认同。

表 1-1　问题定义表

问题定义： 用一句符合 SMART 原则的话把要解决的问题描述清楚
问题背景： 这个问题是由谁提出来的？他为什么会提出这个问题？ 我们现在所处的环境是什么样的？ 以上的情况大家是否全部知情，还是有信息差？

（续）

成功标准：
这件事做到什么程度才算成功？有哪些条件要满足？
除了明确约定的标准以外，是否还有其他默认的、隐含的标准需要满足？
限制条件：
解决方案有哪些范围上的限定，比如地域、渠道、客户群体、合作方等？
需要考虑哪些资源和外部因素的限制，比如预算、人力和合规要求？
决策人：
解决方案是否可以执行，谁来最终决策（既可以是一个人，也可以是一个团体）？
决策人是什么身份？他的职责是什么？
相关意见方：
这件事的解决方案在提交决策人拍板前，需要先征求哪些人的意见？
这些人是什么身份？他们的职责又是什么？

那么在使用问题定义表的时候，是不是需要我们每次都一板一眼地把六项内容在纸上或者电脑上全部填完呢？当然不用。就像 SMART 原则一样，问题定义表也是一件可以灵活运用的工具，里面的问题也发挥着提醒的功能。很多时候使用工具的过程发生在我们的大脑里，而且并不是六项内容全都会被用到。

比如下面的例子。

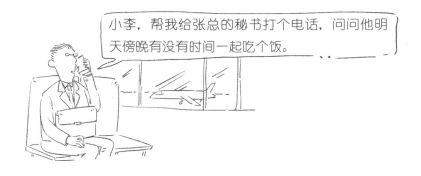

这些不就是我们工作和生活中经常发生的事情吗？

面对这样的问题，我们当然不需要把整个问题定义表都填写一遍，只要搞清楚问题背景就足够了。因为提出问题的和解决问题的不是同一个人，执行者在收到这些指令或者请求的时候并不了解所有信息，如果犯了懒，自己想当然或者按照"字面意思"来交差，就有可能把事情搞砸。比如张总明天傍晚已经约了别人，饭吃不成了；经理看到其他部门的周报篇幅又短、质量又高，想淘汰掉以前常用的模板；老板的秘书有事请假了，现在连机票都没来得及订。现在大家的工作节奏都很快，工作中往往三言两语就把事情交代完了，这时候有没有好的工作方法就体现出了差异。

有些朋友可能会问：这些问题都很容易啊，一点都不复杂，甚至可以说是举手之劳，为什么却要用问题定义表呢？

在选择工具的时候，我们不会以自己主观感受的问题难度为依据，而是看这件事是否涉及其他人。如果这件事我们不需要征求其他人的同意，自己就可以做决定，结果的好坏也由自己来承担，那么就使用 SMART 原则。如果这件事我们需要征求多方意见，寻求多方支持，最终也希望大家都满意，那么就需要使用问题定义表。

1.7　神奇的问题背景 3 问

在我们解决问题的过程中，问题背景是最容易被忽略的地方。在一些日常工作的小事里——比如前一个小节里举的 3 个例子——不重视问题背景会降低我们的效率；而在涉及多部门统筹、跨职能协调这种情况复杂、参与者众多的问题上，忽视问题背景就会带来更加严重的后果。

记得 2019 年我刚刚创立麦肯锡商学院的时候，无意间在某个平台上看到一则有趣的分享。这篇文章图文并茂，讲述了国内某家保险公司的两名男员工在办公室里打了起来，还被监控拍下了视频。根据作者的说法，事件的起因是这家保险公司手机 App 的产品经理向技术开发人员提了一个需求，

要让他们的手机 App 主题可以随着用户手机壳的颜色而改变
（是的，你没看错，就是这个需求）。技术开发人员表示此事
难于登天，屡次沟通陷入绝望，最终双方付诸拳脚。在这则
分享下方发表评论的颇有看热闹不嫌事儿大者，甚至有人提
议在手机里安装具备虹膜识别功能的模块，从用户的眼睛里
提取手机壳的颜色，只是项目预算必然要大大超支。

　　办公室斗殴事件的真实性显然无从考证，两人是不是
真的因为这样一个啼笑皆非的需求打了起来，其实也并不
打紧。就产品经理和技术开发人员这对相爱相杀的"CP"
（Coupling，配对）来说，离谱的需求好像一直都层出不穷。
所以我们不妨把这个网络故事当作一个案例，假设真的有这
样一个需求存在，那么问题应该如何解决呢？

　　回顾一下问题定义表中的问题背景，这时候作为需求发
起方的产品经理应该认真思考 3 个问题：

- 这个问题是由谁提出来的？他为什么会提出这个问题？
- 我们现在所处的环境是什么样的？
- 以上的情况大家是否全部知情，还是有信息差？

　　想清楚这 3 个问题以后，产品经理和技术开发人员很可
能就会发生下面的对话。

行！那李工你看我们哪天再碰一下？这个功能多久可以上线？

产品经理   技术开发人员

瞧瞧，关注了"问题背景"，好像原本啼笑皆非的事情也可以变得正常起来！

在涉及多部门统筹、跨职能协调的复杂问题上充分利用"问题背景"的 3 个问题进行交流和分享，不仅可以让大家更快地把目光聚焦到真正重要的问题上，还能获得别人的认同，借助他人的经验与智慧来取得成功。记住，这可是一个"复杂"的问题，并不是只和你自己有关系呀！

1.8 "M"只是成功标准的冰山一角

让我们接着来聊问题定义表的第三项内容——成功标准。这里共包含两个问题：

- 这件事做到什么程度才算成功？有哪些条件要满足？
- 除了明确约定的标准以外，是否还有其他默认的、隐含的标准需要满足？

奇怪，在问题定义表的第一项问题定义里面，我们已经用 SMART 原则把可量化的衡量指标和具体的时间要求都明确了，这里怎么还会有一个"成功标准"呢？而且看起来"成功标准"还增加了更多内容，不仅包含可衡量的"M"，而且还多出来"其他默认的、隐含的标准"。这到底是什么呢？

让我们再次用《正青春》的剧情来举例。

虽然对手定义的问题比自己的更"SMART"，章小鱼没有发现真正符合 SMART 原则的问题定义是要比对方卖得多，看的不是绝对值，而是一个相对值，但是她意识到：成功标准不会只是销售额这一个"显性标准"，卖东西就一定要赚钱，所以利润其实也很重要。如果单纯追求销售额，自己用极低的价格甚至亏本把大楼里的 5000 支口红全部卖光，职位不就是自己的了吗？这样做当然不妥。虽然林睿在公布任务时没有明说，但这是一个好的销售人员应该有的基本判断，我们不能为了解决一个问题而创造出更麻烦的新问题。

这就是所谓"其他默认的、隐含的标准"，我们可以把它们统称为隐性标准。

成功标准里额外比问题定义多了一部分隐性标准，就是防止我们为了解决问题而走极端，最终顾此失彼。这样尴尬的情景在我们身边可以说屡见不鲜：为 B 端客户提供服务的企业为了冲业绩，给销售员提供了十分慷慨的提成激励，结果签回来大量定制化的、低利润率的订单，销售额大幅增长，销售员赚得盆满钵满，企业却是亏损的；为 C 端客户提供消费品的企业为了清库存，与知名的直播带货平台开展合作，产品一夜之间全部清仓，可事后却发生了大量的退货，不仅目标没有达成，企业还支出了高额的"坑位费"，品牌形象也受到损害。诸如此类，数不胜数。

　　隐性标准规定了解决问题所追求的次要目标，因此能够让我们的问题定义更加完整和平衡。在显性标准和隐性标准之间，必然还是显性标准更为重要。往往显性标准是刚性的，不可以妥协；而隐性标准则是柔性的，只要守住原则，就有一定的回旋余地。比如说显性标准追求的是销售额，我们就会把利润作为隐性标准，要求"不亏钱"或者"毛利率越高越好，且不低于 5%"等。之所以隐性标准不宜设置得过于严格，和显性标准之间一定要有主次之分，是因为两者在很多场合下往往互相掣肘、互相制约。如果采购一批商品既要求价格最低，又要求质量最好，操作难度就会大幅上升，或者有时候干脆就是不可能完成的任务。

　　章小鱼当然不知道林潇潇跟踪了自己，还复刻了她的销售手段。不过她非常清楚林睿实际上也很关心销售利润。那么她是如何应对的呢？她到底采用了什么样的销售策略，又是如何保证利润的呢？

　　这就关系到问题定义表的下一项内容——限制条件。

1.9　限制条件一小步，解决方案一大步

　　就限制条件这一项内容，我们一共要回答两个关键问题：

- 解决方案有哪些范围上的限定，比如地域、渠道、客户群体、合作方等？

- 需要考虑哪些资源和外部因素的限制，比如预算、人力和合规要求？

那么对章小鱼来说，林睿要求的"在这栋大楼里卖口红"到底应该怎么理解？

相信绝大多数人听到这句话以后，第一反应都是"通过上门销售直接把口红卖给在这栋大楼里工作的人"。因为在林睿颁布了任务以后，身边的同事马上交给两个女孩每人一个手提袋，而且时间只有两个小时。按照正常的逻辑推断，这个环节大概率是要考察两人能否成为一名合格的导购，比比看谁能在相同的时间内把更多口红卖出去。处在当时的情境，我们这么理解，可以说再正常不过了。

然而知道了大楼里有 5000 支口红的库存以后，情况就发生了根本性的改变，因为这绝不是一个在两小时内可以靠上门推销来完成的数量级。这个数字迫使章小鱼开始重新审视对"在这栋大楼里卖口红"的理解。

相信聪明的读者朋友这时候也想到了，其实还有另外一种解读，那就是"销售行为发生在这栋大楼里，既可以零散地卖给最终用户，也可以成批量地卖给中间商"。相比之下显然后者更具吸引力，因为不仅批量更大、效率更高，而且只需要确认合作意向，签署商务合同就可以了，用不着"一手交钱、一手交货"，无形中把"两个小时"的时间约束也拓宽了。

那么剧中的章小鱼是怎么做的呢？第二次离开会议室，

只见她毫不犹豫地直奔大厦一楼，在入驻企业的名单里快速寻找可以合作的中间商。很快她就锁定了几家专门孵化网红的 MCN 机构，用 SW 公司当季的最新品作为卖点，促成了与带货主播们的合作，并且争取到了更好的分成比例。一个关键的数字，一种崭新的理解，一场漂亮的翻身仗。

就一部电视剧而言，这段精彩的 PK 剧情当然不乏艺术夸张和演绎的成分。即便如此，我们仍然能够在解析和反思的过程中感受到方法论的魅力。尤其是形成量化意识的工作习惯简直太重要了，因为口红的数量完全决定了后续事态的走向。如果大楼里有几百支口红，那么这场 PK 考核的就是两人的销售效率；如果大楼里有数千支口红，那么考核的就是两人的销售策略；而如果大楼里只有两支口红，那么考核的就是两人的议价能力。

从这个案例中我们还可以看出，对限制条件的思考和理解可以说"魔鬼"全都在细节里了。一点点细微的差别就直接把我们的行动引向了不同的方向，甚至可以说一下子使格局打开，最终的销售量也直接体现出一个数量级上的差别。真可谓"限制条件一小步，解决方案一大步"。

不仅如此，就《正青春》这个案例，其实我们还可以展开很多其他有趣的讨论。比如，既然公司里有 5000 支口红的库存，我们可不可以先用成本价把所有货物都买下来，反正 SW 公司最新品的口红也不愁卖，抄个底赚一笔，还能顺便淘汰竞争对手，岂不妙哉？但是这样一来，限制条件里就需要追加资金上的要求，因为没有足够的钱就没办法买断货物。

读者朋友可能还会想到各种各样其他的解题思路，但无论哪一种，都请一定切记：问题定义表是一个有机的整体，每一项内容之间都是彼此关联、环环相扣的，调整了其中某一项内容，我们就需要回过头去检查一下其他内容是否也需要相应地做出修改。

1.10　站在决策人的视角思考问题

我曾经在线下教学的时候多次问过现场的学员，问题定义表的六项内容里，各位觉得哪一项相对而言最不重要？结果一部分朋友怀着"事出反常必有妖"的预判，微笑着不肯说出自己的答案；其他人则多数把票投给了决策人。

让我们不妨先来回顾一下决策人这一项的具体内容。

- 解决方案是否可以执行，谁来最终决策（既可以是一个人，也可以是一个团体）？
- 决策人是什么身份？他的职责是什么？

的确，两个问题乍一看似乎有些鸡肋。大多数场合的决策人就是最终汇报对象，即拍板的高层领导、中层领导或者基层领导，大家恐怕已经很熟悉了。而且就算不熟悉，或者我们正在为其他机构服务，填了决策人的身份和职责又有什么用呢？

有的朋友在刚开始使用问题定义表的时候非常有热情，遇到问题都会来填写一遍，结果发现很多问题，尤其是复杂的问题并没有因为有了这个表而得到解决，于是就觉得自己上当受骗了，完全白费了功夫。

但实际上，我们不能为了填表而填表。决策人的两个问题压根儿就不是为了罗列信息，而是引导我们了解问题的决策人，从而站在决策人的角度思考问题。

2023 年的夏天，我在麦肯锡商学院团队内部组织了一系列非常"卷"的培训，借以提升大家解决问题的能力。之所以这次培训"卷"得"惨绝人寰"，是因为我选择了当时最热门的现实问题作为题目，把几篇阅读量最高的微信文章推送给大家，然后让团队成员各自分组，在限定时间内完成分析并集中汇报。所有小组必须给出建议，具体的展现形式不做限制。

其中有一道题目是这样的：以 ChatGPT 为代表的人工智能技术发展迅速，负责义务教育的主管部门想要知道，我们应该如何预防 AI 技术对传统教育体系的冲击？

显然这是一个既很新颖又很宏大的题目。经过一个多小时的紧张准备，我们的几位同事拿出了几页草拟的材料向其他人汇报，而我则努力扮演着一个挑战者的角色。

大家的汇报围绕着 AI 技术对义务教育的赋能展开，核心思路是把孩子们的几种关键学习场景分解出来，比如课堂听讲和课后作业，然后重点讨论了 AI 技术可能应用在哪些环节，以便在促进学习效果的同时减轻孩子们的学习负担。为了让整个研究更具有说服力，他们甚至列举了几个国外最先进的 AI 应用案例和技术革新，材料也准备得内容翔实、图文并茂。

大家讲得绘声绘色，我的表情却变得越来越凝重。同事们发现了我的异样，停下来问我有什么意见。于是我说了这样一句话："这些应用场景都很有意思，可能也是很好的商机，但我觉得你们把我当作一名 AI 科技公司的 CEO 了，而不是政府部门的工作人员。"

这句话一说出来，大家立刻愣在了原地。

虽然这只是一次由微信文章引发的内部演习，虽然除了自己我不能代表任何人的观点，虽然这只是竭尽全力的一种推测，但我依旧认为这样的汇报搞错了对象。相比效率，我认为公平的重要性更高，而且我们不仅要关注远期的趋势，近期就有很多事情值得思考，例如是否可以将 AI 技术应用到试卷题目的设计和审核上？如何预防由 AI 技术导致的作弊？等等。

这才是在问题定义表中填写决策人身份与职责的意义所在。同样一个问题，不同的人由于视角不一样，其解决问题的侧重点就会有差异，有时候甚至问题定义都完完全全是两回事。

为了让各位有更深切的体会，接下来就请大家化身成某一家企业"攻坚小组"的组长，像我刚才一样尽自己最大的能力来看一看这家企业到底要解决一个什么样的问题。

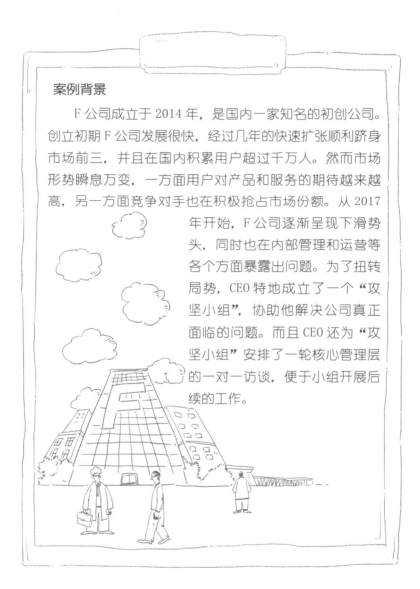

案例背景

　　F公司成立于2014年，是国内一家知名的初创公司。创立初期F公司发展很快，经过几年的快速扩张顺利跻身市场前三，并且在国内积累用户超过千万人。然而市场形势瞬息万变，一方面用户对产品和服务的期待越来越高，另一方面竞争对手也在积极抢占市场份额。从2017年开始，F公司逐渐呈现下滑势头，同时也在内部管理和运营等各个方面暴露出问题。为了扭转局势，CEO特地成立了一个"攻坚小组"，协助他解决公司真正面临的问题。而且CEO还为"攻坚小组"安排了一轮核心管理层的一对一访谈，便于小组开展后续的工作。

质量与运营负责人

产品决定一切，产品决定公司能不能生存下去，就是这么残酷。做质量的就怕型号多，因为很难做好品控，运营起来也很麻烦，维修也很麻烦。所以我认为现在公司的产品型号应该大幅度压缩，要不然质量真的很难保证。或者说不同型号的产品，质量很难控制在相近的水平。比如我们有的产品，用户没用多久就破损了，在有些比较极端的地方，产品的破损率甚至能接近 10%，这是一个高得离谱的数字。我们已经竭尽全力了，但公司前几年发展太快，摊子铺得太大了。

如果单拎出来产品的几项核心技术，我们其实并不落后，有的地方甚至是领先的。但是当我们把这些技术和能力组合到一起成为产品和服务的时候，我们就明显是在被竞争对手牵着鼻子走。这是非常糟糕的。

技术负责人

财务负责人

公司现在的现金流压力非常大，我认为大家现在应该只做一件事：开源节流，开源节流，开源节流，重要的事情说三遍。我现在每天都很焦虑，因为不断有各种银行账户的问题和各种期限需要留意。我理解因为很多合规之类的问题，办理一些资质和手续需要时间，可是银行账期不等人啊！我前几天还和老板说，要不赶紧想办法找点关系吧，这样下去可不行。

我们的产品在投入使用的前几个月反馈特别好，但是一过了这段时间客户投诉就开始急剧增多。我们团队花了很多时间不断打磨客服的话术和服务水平，但是产品的问题不解决，我们想再多办法也没用。其实一年前我们的用户体验是行业里最好的，但现在已经掉到第三了。

客服负责人

人力资源负责人

我们的组织架构这些年来一直没做什么大的调整，基本上保持着初创时期的样子。但是现在员工的人数和过去完全不是一个数量级了，再这样下去肯定是不行的。在目前这个规模下，公司发展已经快不起来了，效率也在明显下降。而且之前因为工资标准过低，有些岗位招不上人来，只能由其他团队的人暂时顶着，员工工作负荷非常重，而且我们的人工成本压力也很大。

阅读完案例背景和几位核心管理人员的访谈纪要，大家不妨给自己留一点时间仔细思考一下：

如果站在 CEO 的角度来看，公司现在真正面临的问题是什么呢？

虽然每位核心管理人员都看到了当前公司存在的问题，但此时此刻对 CEO 来说，最重要的问题是现金流。因为如果不解决钱的问题，整个公司都会停摆，其他所有问题也都失去了探讨的意义。如果要在现金流之后找出第二重要的问题，那么就应该是组织架构的问题。虽然产品组合有待优化，质量管控有待改善，用户体验有待提升，但是所有这些都需要交给合适的人来做，也需要恰当的制度来管理和激励。对 CEO 来说，"事"当然是重要的，但"人"的重要性实际上更高。

这就是我们所谓的"站在决策人的视角思考问题"。

以上案例故事的原型实际上取自纪录片《燃点》中 ofo 的故事。为了防止读者朋友们早早猜到结果，几位核心管理人员的访谈内容在纪录片的基础上稍稍做了调整，也尽可能再现了真实的情景，旨在为大家提供一次深度思考的机会。

1.11　不做传声筒，而做掌舵人

不知不觉间，我们对问题定义表的讨论来到了尾声，视角也逐渐从关注"事"过渡到关注"人"。就像决策人一样，针对问题的相关意见方，我们同样需要思考和回答两个问题：

- 这件事的解决方案在提交决策人拍板前，需要先征求哪些人的意见？
- 这些人是什么身份？他们的职责又是什么？

　　同样地，我们填写这些内容的目的不是罗列事实，而是要搞清楚他们关心什么、为什么关心。就像上一个章节"攻坚小组"案例中的核心管理层访谈，定义复杂的问题常常就像盲人摸象，大家各有各的观点，公说公有理，婆说婆有理。那么问题到底应该如何定义呢？这就需要我们担当解决问题的舵手，一方面尽可能借助相关意见方的智慧，赢得相关意见方的理解与支持，积累并充分利用资源；另一方面也要有清醒的头脑和独立的思考，站在决策人的角度找到真正重要的问题，管理好相关意见方，有时候甚至要管理好决策人。

　　不妨让我们用工作中的一件小事来举个例子。

　　假设你是一家初创公司的成员，公司总共有大约 20 人。别看规模不大，公司内部的分工却是麻雀虽小五脏俱全，一共有产品研发部、生产运营部、市场销售部、客户服务部和综合管理部 5 个部门。因为前一段时间正值销售旺季，大家都很辛苦，业绩也相当不错，所以老板想要组织一次团建活动，既犒劳大家，也借机鼓舞士气、凝聚人心。

　　这个不大不小的任务被派到了综合管理部，最终落在了你的头上。接下来你需要和包括老板在内的几名同事聊一聊，听听大家的看法，然后组织好这次团建活动，争取让大家都能满意。

　　那么大家都有哪些诉求呢？

我觉得关键是要好好吃个饭。别看咱们公司人不多，但是全部聚在一起的机会真的很难得。平时各忙各的，有时候为了工作，团队之间还经常打架。虽说问题不严重吧，但总有摩擦也不是个事儿。我是希望大家能够更好地相互理解、相互支持，拧成一股绳，一起想办法把公司的业务做大。而且这段时间我也有了一些新的思考，关于公司未来的发展方向，有些话我也想借这个场合跟大家说一说。大家有什么平常不方便问的问题，或者对以后的发展有什么想法和建议，也可以一起好好聊一聊，总之要把话说透了吧！

老板

我们这几个人平常都比较宅，爱好嘛……好像就是打打游戏了。什么街机啊，网游啊，手游啊，解密类的啊，策略类的啊，射击类的啊，都爱玩一玩。至于团建活动，最好能一起爬爬山之类的，反正有点体力活动吧。大家平时就不爱出门，不爱运动。纯粹吃饭、狼人杀之类的室内活动，我估计没过一会儿大家就又把手机拿出来玩了。上回我们团队出去聚餐，菜刚上到一半，大家就打开王者荣耀开黑了。

产品
研发部同事

客户
服务部同事

求求了，千万别聚餐行吗？千万别！每次聚餐都好无聊！好尴尬！我们团队都是刚参加工作没多久的小姑娘，饭桌上和其他同事很难有共同话题。因为动不动就聊到了养娃、找对象这些事情上，大家都是硬着头皮在接活，真的还不如把每个人的餐费折现呢。至于其他活动，只要是新鲜的、有趣的，大家的参与度和接受度都挺高的。可以玩玩VR，一起打打扑克也挺好。反正只要别聚餐，我们啥都行。

生产
运营部同事

我们平时主要跟研发和销售他们打交道比较多，吵架也多。确实时不时有点小冲突吧，大家可能也会有点小情绪，但也都是为了工作。这一点我觉得老板挺厉害的，不仅能力很强，而且把公司风气带得特别正，大家都很有责任心。要不然也吵不起来，对不对？所以我觉得能一起玩是最重要的，比如研发他们几个就特别爱玩游戏，找个那种很大的电动游戏厅我就觉得蛮好。里面什么游戏机都有，女生可以玩抓娃娃、跳舞机，男生可以结伴打通关，甚至有的地方还能打桌球。里面那些游戏机你根本想象不到现在做得有多牛，反正前几天我带孩子去了一次就被震撼到了。

市场销售部同事

> 必须好好喝一杯啊，这还有啥好说的？前一段时间大家出差都忙疯了，全国各地的客户这一通跑啊，都累坏了。而且因为只有我们在外面跑，只有我们掌握客户最真实的情况，其他同事都待在办公室里，所以好多市场变化其实大家根本不了解。有些内部的流程、管理制度其实不太合理。客户那边经常又很急，或者竞争对手在抢单，所以就搞得我们好像总是急头白脸的、不讲道理。其实好多事我们也挺想跟大家分享分享的，但总也找不到机会。而且有些话吧，不喝几杯你根本开不了口嘛！

读完老板和几个部门同事的诉求，大家有什么想法？综合了所有人的意见以后，各位有没有什么初步的方案，或者说比较靠谱的假设？

大家的诉求可以说非常不一致。有的人想吃饭，有的人拒绝吃饭，有的人想玩游戏，有的人想户外活动，各有各的偏好。那么，有没有什么方法能把所有人的诉求都融合在一起呢？有没有什么活动能把所有人的意见都照顾到呢？

这个时候有些聪明的朋友可能会想到：我们可以去包一个轰趴馆啊！轰趴馆里什么都有，既有各种各样的游戏机和电脑，也有桌球、VR和KTV，还有最新的桌游、狼人杀和各种棋牌道具，场地也足够宽敞，在里面吃饭不成问题。所有需求，一站式解决。怎么样，都包括了吧？

这时候就请大家给自己几分钟的时间，仔细思考一下：这个提案是否能够让所有人都满意呢？

我们不妨大胆推测一下所有人到了轰趴馆里面的情景。各个部门的同事原本就各有各的风格，到了这样一个任君挑选的场所，最有可能发生的事情就是各玩各的，结果还是小团队分别扎堆，根本没法达到凝聚人心的效果。另外在轰趴馆团建，不仅饭菜不会很可口，环境也充满了诱惑。大家都想去玩感兴趣的游戏，没等坐下来好好聊几句，就各自被其他人拉走了。所以这样看起来尊重了所有人意见、综合了所有人需求的方案，最终却很难令所有人满意。

这就是我们在这一小节里着重强调的：我们不能做相关意见方的传声筒，而要做解决问题的掌舵人。有时候大家的意见是合理的，我们要采纳；有时候大家的意见是偏颇的，我们要纠正；有时候大家的意见是矛盾的，我们要平衡；有时候大家的意见是举个例子，我们要举一反三；有时候大家的意见是提出假设，我们要系统论证；有时候大家的意见是个人信仰，我们要了解原因。而且需要特别指出的一点是，在这个例子中，老板不仅是决策人，也是相关意见方。

那么，一个更好的方案是什么呢？

我认为一次全员参加的沉浸式剧本杀可能是更好的方式。我们可以挑选有多个阵营互相竞争的剧本，让各个部门的同事聚在一起，大家放下手机、穿上戏服，在 1 ~ 2 个小时里心无旁骛地互相帮助、共同解谜。这个过程本身很新鲜，很有趣，跑来跑去搞不好还会出一身汗。游戏结束以后就近找个不错的餐厅，所有人忍不住就会围绕刚才发生的剧情复盘起来。这时候大家有了共同的话题，自然而然就会开始畅所欲言，也就为后面的沟通做了充分的铺垫。

从这个小小的案例中大家也不难发现，我们在定义问题的阶段其实就要早早对未来最终的解决方案有所预判，也就是所谓的"大胆假设、小心求证"。要不然不仅工作效率低下，有时候可能还会找错了问题的相关意见方。

实际上在麦肯锡内部，咨询顾问们常常都会用一种假设式的问题定义来推进咨询项目。这种假设式的问题定义其实是一种猜测，即预计某一种手段大概率能够解决目前面临的问题。因为麦肯锡的咨询顾问团队身经百战，又有来自世界各地最新的经验加持，所以提出的假设往往非常靠谱，能够极大提高咨询项目的推进效率，能更经济、更快速地让方案落地。

在实操时，这种假设式的问题定义将直接体现在"SMART 原则"的"A"上。以前面第 4 小节"做好两件事激活'慢思考'系统"中讲到的产品滞销问题为例，假如我们采取开放式的问题定义，那么便应该是"通过一系列有效举措，在 × × 月内将销售额提升 × × %"；而假如我们采取假设式的问题定义，情况就会完全不同。如果假设最有效的手段是降低成本和售价，那么问题定义便应该是"通过降低

成本和售价来提升产品竞争力,在 ×× 月内将销售额提升
××%"。这时候相关意见方就必须有生产运营部门。如果
假设最有效的手段是改善客户服务,那么问题定义便应该是
"通过改善客户服务来留住老客户、吸引新客户,在 ×× 月
内将销售额提升 ××%"。这时候相关意见方就必须有客服
部门。如果假设最有效的手段是开拓直播带货业务,那么问
题定义便应该是"通过增加直播带货,在 ×× 月内将销售额
提升 ××%"。这时候相关意见方就要包括很多部门,因为
品牌、营销、销售、生产运营和客服都需要提供支持,搞不
好还涉及法律和风控等团队。

　　显而易见,开放式的问题定义范围更宽,后续寻找一系
列有效举措的工作量就会更大,投入的时间和资源也会更多;
而假设式的问题定义则更加聚焦,如果一开始就能提出高质
量的假设,后续的工作围绕这个假设进行证明或者证伪,效
率上就会体现出明显的优势。因此,我们在陌生的问题上大
多采取开放式的问题定义,而在相对有经验的问题上则采取
假设式的问题定义。关于这两者的进一步区别,正好是我们
下一章的内容之一。而无论使用哪一种问题定义方式,我们
都需要不断迭代自己的认知,循环往复地调整和聚焦,直到
问题被彻底解决为止。

1.12　尾声

　　在《正青春》这段精彩的对决里,最终两位姑娘的优异

表现都得到了认可，两个人都被 SW 公司录用。林潇潇凭借自己对问题定义更加"SMART"的理解实现了销售额领先；而章小鱼则凭借对"限制条件"的独到见解紧随其后，而利润率远远反超。

剧中人功德圆满，那么现实中的故事呢？回到 20 多年前的那个夏天。暑假结束以后的某一天我忽然接到孩子家长打来的电话，告诉我孩子的成绩排名在年级里小小地前进了十来名，特别感谢我那套倾囊相授的学习方法。这让我也感到十分欣慰。

细细算来，我们的这几位主人公其实只使用了"定义问题"这套"武功秘籍"里的一招半式，就各自得到了还不错的结果。如果有一天他们将这套"武功秘籍"学得炉火纯青，还真让人忍不住对他们的未来充满期待呢！

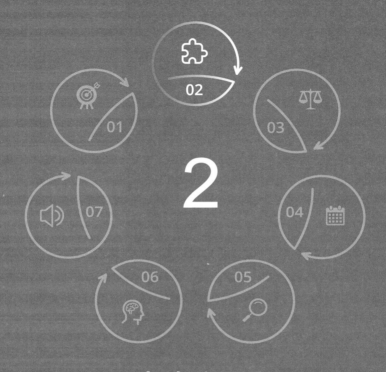

拆解问题

——我们用什么思路解决问题

始臣之解牛之时，所见无非全牛者；三年之
后，未尝见全牛也；方今之时，臣以神遇而不以目
视，官知止而神欲行。

——《庄子·养生主》

2.1　从一场火爆全球的抓捕真人秀说起

2015 年，英国电视台第四频道（Channel 4）推出了一档名为《潜行追踪》(*Hunted*) 的真人秀节目，一经播出便大受欢迎，每一集的观众都超过 200 万人。第一季大获成功以后，制作组乘胜追击，不断优化节目设计，后续又接连推出 5 季，并且很快被美国、西班牙、俄罗斯、荷兰、丹麦、意大利、法国、比利时、德国、澳大利亚等多个国家的电视台与流媒体平台购买版权，推出当地的版本，在全世界都收获了大量的粉丝。

在这档别出心裁的电视节目中，14 个普通人自愿充当"逃犯"的角色，在 25 ～ 28 天里竭尽全力进行"逃亡"。追捕他们的是一支由 30 人组成的"猎人团队"，其中不乏来自执法部门和军事情报部门的精英、网络数据分析专家和心理学专家等。猎人团队可以动用各种强有力的监控手段，运用强大的情报收集能力和丰富的专业知识，全面调查 14 个"逃犯"的各种信息，找出他们的隐匿之地并及时实施抓捕。

为了避免"逃犯"们提前准备安全屋和各种生活物资，每个人开始"逃亡"的时间都是临时通知的，而且猎人们会在一个小时内上门突袭。于是这 14 个勇敢的普通人仓促收拾好行囊，便踏上了自己的"逃亡"之旅。虽然可以藏匿在英国境内的任意角落，也可以寻求各方面的联系和帮助，但是他们必须遵守各项法律，各自的银行卡里也只有区区 450 英镑。不过好消息是，只要他们在规定时间内不被抓获，并且在最后一天成功登上逃离的交通工具，就可以瓜分数万英镑的胜利奖金。

　　显而易见，这场紧张刺激、斗智斗勇的真人版猫捉老鼠游戏极具看点，而且无论对于"逃犯"还是猎人，都是一场充满了压力的对抗和考验。

　　对于"逃犯"来说，一个人想要在当今高度数字化的社会中消失，简直难于登天。据估计，在英国有近 600 万个闭路电视摄像机，每 11 个人就有 1 个。英国拥有世界上最大的 DNA 数据库，也拥有世界上最强大的情报机构之一。人们的一切，从现金提款到超市购物，电话、短信、互联网浏览记录、社交媒体、车牌号码，统统都可以被监控。想要逃脱猎人的追捕，"逃犯"们不仅需要聪明的头脑和冷静的判断，还需要强大的策划能力、执行能力、随机应变能力和反侦察能力，甚至还需要一点运气。

　　对于猎人们来说，挑战同样巨大。虽然团队里个个身怀绝技，但是他们要同时面对三四个绞尽脑汁逃避和躲藏的对手，而且一旦有人被抓获，就会有新的"逃犯"开始"逃亡"。这些人的学识背景、生活习惯、宗教信仰和社会关系完全不同，他们有可能藏在朋友家里，有可能住在一艘船上，有可能跑到深山老林，也有可能不断转移地点，甚至可能给猎人留下错误的线索以争取时间。他们面对的是 14 个野心勃勃而又复杂多样的对手，他们面对的是整个国家和无穷无尽的可能性，而且对每名"逃犯"也只有 25 ～ 28 天的抓捕机会。不仅如此，抓捕罪犯、维护社会治安原本就是团队成员日常的工作，他们需要在这场竞赛中捍卫自己的专业性，给社会创造更高的安全感，他们更加输不起。

如此精彩的节目设定着实令人叹服，相信光看这段介绍，很多朋友就已经对内容产生了无限的遐想。这档颇具社会实验性质的真人秀节目为观众提供了极高的情绪价值，因为人们在观看的时候会情不自禁地把自己代入到"逃犯"的角色中去，情绪完全被跌宕起伏、险象环生的剧情调动了起来，不断思考怎样才能从猎人们的手中逃脱，生怕14个勇敢的"逃犯"被抓到。节目组实际上透过镜头向观众提出了这样一个问题：如果出于某种原因，明天你不得不开始"逃亡"，被世界顶尖的调查人员和侦探借助最先进的技术寻找，你有可能从这个世界消失吗？你能够彻底重新开始吗？你究竟会怎么办？

然而作为一名从事了多年方法论推广与教学的麦肯锡咨询顾问，观看节目的时候我却在思考另外一个完全相反的问题：如果我是这个猎人团队的负责人，应该用什么方法在25～28天内抓到这14个勇敢而又机智的普通人呢？

2.2 用议题树厘清思路

根据我多年的经验，拆解问题是解决问题的七个步骤中最难学习和掌握的，也是最容易出现理解上的偏差和形式主义的。因此，这一章的篇幅是所有章节里最长的，我也会用大量的案例来帮助大家啃下这根硬骨头，彻底掌握庖丁解牛一般的问题拆解能力。

拆解问题的难度体现在多个方面，第一个问题就是：我们为什么要这么做？这件事情不搞清楚，大家就会在实际运用的时候拆解得不情不愿，感觉自己在迎合方法论的要求，对实际解决问题没什么帮助，于是很快就放弃了。

谈到拆解问题的意义，恐怕最容易想到的答案就是"拆解问题可以将大的、复杂的问题分解成小的、简单的问题，这样我们就可以逐个配备相应的资源和力量，从而保质保量地按时解决问题"。说得简单一点就是，拆解问题方便派活儿。

拆解问题的确可以有效帮助我们制订计划，由乔治·克鲁尼和布拉德·皮特主演的电影《十一罗汉》(Ocean's Eleven)就是一个生动的例子。在这部电影中，两位奥斯卡金像奖得主扮演了一对世纪大盗，共同策划了一起有史以来最复杂、最缜密的赌场劫案。他们极其详尽地分解了抢劫过程的每一个步骤，组建了一个由神偷、军火专家、侦察专家、机械高手、发牌员和杂技演员在内的 11 人"大盗天团"，并且为每个人制订了精确到秒的行动计划，最终在一夜之间从拉斯维加斯的 3 个赌场抢走了一亿五千万美元。在这个故事里，拆解问题简直可以称得上是他们的财富密码了。

　　然而如果拆解问题的意义仅限于"方便派活儿"，那就和解决问题的七个步骤（见图 0-1）的第四步制订计划没有差别了。制订计划必然会涉及分解任务、委派专人，在此之前为什么还需要拆解问题和优先级排序呢？

　　事实上，拆解问题最核心的价值是形成解决问题的思路，这远比分配任务要重要得多。尤其是面对一个陌生的问题时，我们连解题思路都没有，根本不知道怎么做，工作计划如何制订？大家各自的任务是怎么来的？有什么根据？期望形成什么样的产出？彼此之间的关联是什么？存在先后顺序吗？没有解决问题的思路，制订计划根本无从谈起。

　　上一节结尾《潜行追踪》猎人团队负责人所面临的问题就是一个非常典型的例子。面对着 14 个风格迥异的普通人，在给团队的 30 名成员委派任务之前，他必须先形成一个具有普适性的工作思路，一套让任何一名"逃犯"都无处遁形、让任何一个"逃犯"都感到极度绝望的抓捕逻辑。只有这样，猎人团队才有可能同时对付多名在逃的对手，才不至于处处被"逃犯"牵着鼻子走。

　　那么，抓捕一名"逃犯"需要经历哪些过程呢？首先我们要找到逃犯的位置，然后及时进行抓捕，所以问题就被拆解成了锁定位置和实施抓捕两个环节。

　　锁定位置显然是个非常复杂的问题，难点也恰恰就在这里。仔细思索之后，我们发现其实关键在于他们的"逃亡"生活中，有哪些人或者事物会暴露他们的位置，于是锁定位置就又被拆解成了通过暴露位置的人和通过暴露位置的事物这两项。

继续思考通过暴露位置的人，我们发现具体又包含了两类：一类是有实际接触的人或目击者，另一类是家人或朋友。这时候我们就有办法了。对于有实际接触的人或目击者，我们可以在锁定大致方位之后进行走访和盘问；而对于家人或朋友，我们既可以走访和盘问，也可以监听电话和即时通信设备。

而通过暴露位置的事物则更加复杂一些。"逃犯"们需要取钱，我们可以监控银行卡的取款情况；"逃犯"们需要花钱买东西，我们可以监控银行卡的消费情况和便利店的摄像头；"逃犯"们要和家人或朋友取得联系，我们可以监控手机通信和社交媒体显示的 IP 地址；"逃犯"们需要交通工具转移地点，我们可以监控其本人或者家人、朋友的私家车，也可以监控公共交通工具的购票记录。当然"逃犯"也可以不花钱，完全靠帮别人干杂活换取食物和住宿，或者干脆来个荒野求生 28 天个人挑战，但是这就意味着有实际接触的人或目击者以及家人或朋友将成为更加重要的情报来源。

而到了实施抓捕这个环节，我们既需要保证实施抓捕的猎人及时赶到现场，还需要对"逃犯"的反应有所预判，所以实施抓捕就被拆分成了跨团队频繁沟通和逃脱路线拦截这两项。

通过以上这一系列思考过程，我们就形成了一套能够广泛适用于各种不同"逃犯"的抓捕思路。就像在平静的湖面抓鱼一样，只要"逃犯"与社会有所接触，在我们的无死角监控之下，他们就仿佛浮出水面换气的鱼儿，很快就会暴露自己的位置。

如果用一张图来形象地展示上述的抓捕逻辑，我们就会得到图 2-1 这样一个从左到右逐层拆分的结构，我们把它称为议题树。议题树的最左边是待解决的问题（也可以把它当作议题树的第零层），而右边则是根据解题思路拆分出来的若干层子议题，越往右越细致，越往右越具体。比如锁定位置是议题树第一层的一个子议题，相对而言比较笼统，只明确了行动目的；而监控 ATM 取款则是议题树第三层的一个子议题，相对而言就非常具体，指出了要采取的实际动作。所以为了更高效地解决问题，一般来说议题树起码要拆分到第二层，这样才能有可实操的解决方案。如果第二层还是不够具体，那就需要继续往下拆分，比如图 2-1 中的锁定位置就拆分到了第三层。

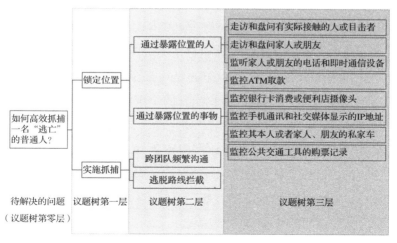

图 2-1 《潜行追踪》的"逃犯"抓捕议题树（仅供参考）

2.3　该用哪些维度评判一位男士是不是理想的结婚对象

虽然"议题树"的结构很好理解，但是拆解的过程和我们日常生活的思维习惯完全相反，这无形中又给大家的学习和运用增加了难度。在线下和来自企业的学员朋友们练习"拆解问题"的时候，我非常喜欢问大家一个问题：该用哪些维度评判一位男士是不是理想的结婚对象？

不难想象，面对这样一个通俗有趣的问题，根本不需要讲解任何技巧和方法，所有人都能说上几句。女性朋友们更是打开了话匣子，话筒被自发地传了起来，几乎每个人都要分享几点，还常常相互引发共鸣；而一旁被品头论足的男性朋友们竖起耳朵聆听，有伴侣的看热闹不嫌事儿大，恨不得抢来话筒再加上几条，没对象的心里虽然压力山大，但是嘴角却比 AK-47 还难压。

那么大家的答案都是什么样子的呢？

如果用一句话总结，那就是"三个臭皮匠，顶个诸葛亮"。虽然大部分朋友只能提出三四个维度，但是凑在一起就丰富多了。比如有的人提出"要干净，为人要靠谱，有经济实力"，有的人提出"要有一点唱歌跳舞之类的特长，用情要专一，生活里要会照顾人"，还有的人提出"三观要正，有上进心，不要太抠门，个子要高"，诸如此类。一条一条罗列起来的话，可以写上满满一个黑板。

等大家都分享完，我就会接连又抛出几个问题：结婚是如此重要的人生大事，可是为什么绝大多数朋友在回答这个问题的时候，都只能罗列出非常有限的几点？这几点之间的逻辑关系是什么呢？为什么很多朋友在分享完以后，听到其他人说出了新的维度，自己又表示十分认同？刚才我们的思考过程是怎样的呢？

很快大家就发现，自己其实没有经过太多思考，答案就自己"蹦了出来"，所以也没想过它们之间都有哪些逻辑关系。不过回过头总结的话，倒是可以归纳为外貌、性格、生活习惯和经济实力这四个方面。所以，如果把大家的个人贡献和集体智慧综合起来，这个问题的思考过程就可以概括为列举和归纳两个过程（见图 2-2）。

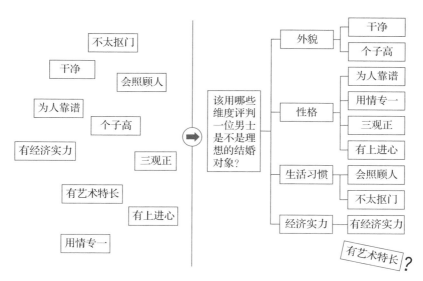

图 2-2　归纳"议题树"的思维过程示意图

看到归纳出来的"议题树",大家瞬间觉得刚才的集体智慧不"香"了。为什么呢?

首先,这里面有关性格的列出来一大堆,可是经济实力却光秃秃的,有的子议题拆解得很细致,有的子议题却完全没有深入下去,看起来非常不协调;其次,性格里面那几项好像讲的都是一回事,"三观正"好像把其他几项都包括了,可是好像又有那么一点点差别,而且性格这个条目本身的名称也有些牵强,反正让人很纠结;最后,"有艺术特长"干脆没地方放,不知道该怎么办。总不至于再加一个条目叫作"其他"吧?

这时候有的朋友可能就会说,我们是在讨论结婚,不是讨论谈恋爱,有没有艺术特长根本就不重要,删掉就行了。可是其他朋友却不同意:萝卜青菜各有所爱,而且如果把"有艺术特长"换成"幽默风趣"呢,或者换成"身体健康"呢,换成"家庭氛围"呢,你还舍得删吗?

"家庭氛围"这个维度一经提出,大家立刻意识到刚才的答案其实漏掉了很多内容。于是更多关于家庭背景、教育经历和朋友圈子的新维度被提了出来,"外貌""性格""生活习惯"和"经济实力"这四个方面显得狭隘了,大家又开始做新的总结和概括,推翻旧的逻辑,形成新的条目和类别,直到把所有维度都包含进去为止。

以上这样一个从列举到归纳的思考过程恐怕是很多朋友在"拆解问题"时的真实写照。但如果这就是"拆解问题"的过程,那么解决问题完全可以没有这一步。因为我们从一开始就是直接冲着具体维度去的，想的都是议题树最右面、最细致具体的那一层"子议题"都有哪些内容，而逻辑框架是在列举出具体维度以后凑出来的。也就是先有了一部分结果，然后再去找其中的逻辑。难道我们解决问题是先有答案再有思路的吗？

即便有，也不是在解决问题的初期，而是在整理工作成果、准备最终汇报的阶段，也就是解决问题的七个步骤的第六步"总结提炼"当中。在拆解问题阶段，我们需要先形成一套既严谨又完整的思路或者逻辑，引导我们全面而又深入地探索每一种潜在的答案，不漏掉任何可能，也不依赖我们从列举到归纳的临场发挥。

就以最经典的三层议题树结构来说，如果没有刻意让自己思考，我们的大脑就会立刻基于过往的经验快速给出答案，就像综艺节目里常常出现的"快问快答"一样，所以我们想到的全部是"议题树"最右面一层具体的评判维度。在这个过程中，讨论的问题"该用哪些维度评判一位男士是不是理想的结婚对象"实际上也在不知不觉间被悄悄替换成了"我看重结婚对象的哪些条件"。前一个问题具有普遍意义，追求的是评判维度的全集，任何一位女性朋友都可以用来参考，所以重点在于有一套完整并严谨的逻辑；而后一个问题不具备普遍意义，每个人实际上只关注全集里的一部分，所以自然而然也只能讲出自己在乎的三四个点。

正因为如此，我们才需要刻意练习拆解问题。我们需要抑制大脑不断快速"蹦答案"的冲动，因为这些答案严重依赖我们自己的经历和眼界,往往是不够完整的,有时候甚至是错误的。如果我们基于这些快速涌现到脑海中的答案来从右到左、从列举到总结或者归纳地搭建议题树,实际上是为了拆解而拆解,只是形式上对方法论的一种迎合,对解决问题根本帮助不大。我们需要掌握的是从左到右、从思路或者逻辑到举例的思考过程(见图2-3),就像《潜行追踪》里抓"逃犯"的例子一样,即便我们在具体的手段上举的例子一时不够多、不够全,整体的框架依旧有效,议题树也仍旧可以引导我们解决问题。比如节目第一季的后期,猎人团队在面临巨大时间压力的情况下,开始在报刊等媒体上对"逃犯"们进行有偿悬赏。虽然我们一开始的议题树中并没有包含这一项,但显然它还是围绕着"通过暴露位置的人"来做文章。

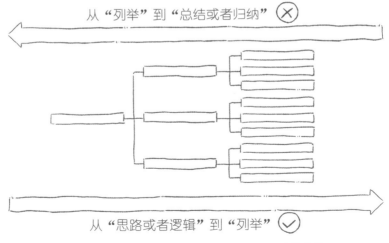

图2-3 搭建"议题树"错误的路径和正确的路径

2.4　用 MECE 原则检验拆解问题的质量

明确了意义，又搞清楚了顺序，接下来就是拆解问题的逻辑了。

同样一个问题，我们往往可以从多个角度进行拆解，这原本就是一个仁者见仁、智者见智的过程。就以《潜行追踪》的例子来说，除了从暴露行踪的人和事物以外，我们还可以从"逃犯"在"逃亡"生活中的各种需求入手，同样可以形成一套具备普适性的抓捕思路。所以只要逻辑讲得通，拆解得又足够细，哪一个角度都是可以的。

既然大家拆解问题的逻辑可能不一样，那么就需要一个统一的标准，来衡量拆解问题的质量，于是我们就需要使用MECE 原则。

MECE 原则实际上是四个英文单词——Mutually、Exclusive、Collectively、Exhaustive——各取首字母合并起来的简称，直译过来就是（议题树的各个子议题应该）"互相独立、完全穷尽"，也就是所谓的"不重不漏"。而它正确的读音是"me see"，记得用降调收尾。

MECE 原则的目的很好理解。在"拆解问题"的过程中，我们希望自己拆解出来的"议题树"整体上是完整的，没有重大的缺项或漏项，而且每一个"子议题"之间切割得干干净净，彼此没有相互影响，不存在相互包含或者被包含的关系。而且除了"不重不漏"这个最低标准之外，MECE 原则实际上还要求处在议题树最末端的各个子议题都属于相同的类别，都处在相同的层次，拥有相同的颗粒度，因为只有这样我们才好判断到底是不是彼此独立。就像在《潜行追踪》的"逃犯"抓捕议题树中，虽然"锁定位置"后面拆解了两层，而"实施抓捕"后面只拆解了一层，但是议题树最右面、最末端的子议题全部是具体动作，而不是行动目的，所以都在一个层次上，是符合 MECE 原则的。

举个例子来说，上一小节依靠"三个臭皮匠"先列举评判维度、后归纳整体逻辑出来的议题树就不是一个符合 MECE 原则的议题树。首先，议题树的第一层就很不完整，完全没有包括男士的家人和朋友；其次，"性格"下层的各个子议题拆解得不够独立，因为"三观正"和"为人靠谱""用情专一""有上进心"存在着包含关系，或者是相互关联的；最后，"经济实力"这个子议题实际上完全没有拆解，下一层的"有经济实力"和其他同层次的子议题所具有的颗粒度完全不同，正确的下一层子议题应该是类似"稳定的主业收入""有车有房""广泛的副业来源"等。

必须澄清的一点是，MECE 原则实际上更适用于议题树左面的几层，如果议题树有三层，我们重点关心第一层和第二层的拆解是否 MECE；如果议题树有两层，我们则重点关心第一层的拆解是否 MECE。因为就像前面的章节中提到的，议题树最右面、最末端的子议题往往是举例，只要前面几层的整体逻辑经得住推敲，不存在缺项或漏项，我们就没必要对最右面、最末端的子议题太过苛责，毕竟人无完人，世界上也没绝对完美、绝对"MECE"的议题树。

MECE 原则能够有效检验我们的议题树逻辑是否严谨、内容是否完整，但在实际操作的过程中，我们也不能盲目追求形式上的不重不漏而忽略了解决问题。请看下面的案例。

案例背景

　　张松在 A 市某中学的马路对面经营着一家饭店，算起来已经有 3 年了。原本这条马路上只有他这一家饭店，但是去年这所中学升格成市重点中学，校区大幅度扩建，于是这条马路也渐渐热闹了起来，陆陆续续开了其他四五家饭店，有西式快餐，也有烤串和麻辣烫之类的小吃。不过因为张松的饭店地段最好，所以一直以来生意都还不错。不过这个秋天，新学期开学以后，张松却发现顾客的投诉突然增加了，而且什么类型的投诉都有。有几位顾客反馈饭菜太油腻、口味太重，有几位顾客嫌上菜速度太慢，有几位顾客抱怨点菜和付款排队太久，还有几位顾客投诉桌子没擦干净。虽然问题都不大，顾客也没有闹得很凶，但是张松觉得这不是好苗头，必须尽早解决。于是他准备和厨师、服务员还有收银员分别开一个会，重申一下顾客至上的经营理念，强调一遍饭菜的质量、卫生的标准还有收银的效率，引起大家的重视，并且小小惩戒一下几位被投诉的员工。

虽然我们没有看到张松拆解的议题树，但是他的行为告诉我们，他打算从 3 个工种来入手。从形式上来说，这个拆解的确是"不重不漏"的，因为一共也只有这 3 个工种，而且其分工非常明确，基本上可以说相互独立，也囊括了一家餐厅所有的工作。

但是这样的"不重不漏"就一定能解决好问题嘛？当然不能。因为张松的解决方案实际上默认了顾客投诉就是因为员工疏忽，厨师没有控制好饭菜质量，服务员没有认真打扫，收银员也没有保证收款速度。然而事实真相却可能与张松的假设完全不同。有可能饭菜口味和以前一模一样，其他服务也基本没有变化，只是顾客更加挑剔了；有可能开学以后学生比往年多，员工根本忙不过来，早已经超负荷工作了；也有可能其他餐厅的待遇更好，而张松好几年没给员工涨工资，于是员工变相表达不满，希望能得到公平的对待。

所以说，一个"MECE"的议题树在形式上一定是"不重不漏"的，然而一个形式上"不重不漏"的议题树却不一定真的"MECE"。MECE 原则是非常务实的，追求的并不是在形式上有多漂亮，而是真正能搞清楚事情的真相，有效地解决好问题。

2.5 流程和相关方是两把不错的"解牛刀"

拆解问题的第三个难点就是逻辑的选择，这也是很多朋友最头疼的。面对一个陌生而又复杂的问题，我们到底应该用什么逻辑来拆解呢？就比如《潜行追踪》的"逃犯"抓捕议题树，这些子议题到底是怎么想出来的？有什么好的办法来打开思路呢？

　　根据多年的教学经验，我认为最好的办法是把自己代入问题的情景中去，假设自己是那个被讨论的对象，想象一下自己会经历什么样的流程，或者会和哪些人与事有关，以此为依据完成拆解。有时候流程或者相关方只需要两者之一就足够了，有时候情况则更加复杂，就需要两者相结合。所以当我们在思考一个新的问题时，首先要搞清楚这是一个流程问题，还是一个相关方问题，还是一个综合性问题。流程问题一个最经典的例子莫过于把大象放到冰箱里去——打开冰箱门，把大象放进去，把冰箱门关上——喜欢春晚小品的朋友一定对此再熟悉不过；而相关方问题一个最经典的例子莫过于拉选票——谁会投赞成票，谁会投反对票，谁是摇摆不定的——一个都不要漏掉。

　　如果用一张图来表示"流程"和"相关方"的问题拆解逻辑，我们就可以得到图 2-4 中的"一横一纵"的拆解思路。其中，流程从上到下的箭头表示问题的解决由粗到细、从宏观到微观的过程，而相关方从左到右的箭头表示问题的解决涉及方方面面，必须有足够的思考宽度。而无论流程还是相关方，都天然满足了 MECE 原则的要求，所以非常实用。

　　通过梳理当事人或者对象物所经历的流程和涉及的相关方，拆解问题的思路就会自然而然浮出水面。就拿前面评判结婚对象的问题来说，这就是一个典型的相关方问题。

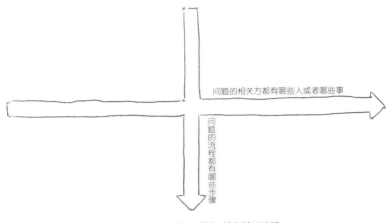

图 2-4   "一横一纵"的拆解思路

　　首先让我们把自己代入问题的场景中去，化身为一名女性，从妻子的角度来想一想：在婚姻生活里，丈夫这个角色都会和哪些人或者哪些事有关呢？和他有关的人包括他的家人、同事和朋友，和他有关的事包括经济责任、日常家务和夫妻情感。有了第一层的 6 个子议题，接下来我们就可以继续在每个子议题上使用相关方作为切入点重复类似的过程，从而逐渐形成一个严谨而全面的最终答案（见图 2-5）。例如，"家人"这个子议题，相关的事情都有哪些呢？首先可能生活在一起，所以需要考虑饮食习惯；家庭成员可能出现困难，所以就涉及经济能力；日常相处可能会有矛盾，所以家庭文化也很重要，等等。而在"夫妻情感"这个子议题，丈夫要做好哪些事情呢？平常要注重健康和身材、颜值管理，让妻子心情愉悦；有一些厉害的特长或才能，让妻子心生仰慕；有良好的两性沟通能力，夫妻之间出现矛盾才能很快解决；

有很强的责任感，家庭面临危机时才能够共渡难关，等等。

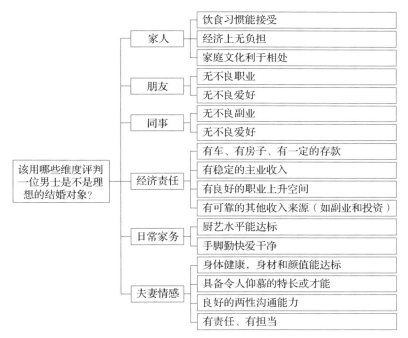

图 2-5　评判一位男士是不是理想的结婚对象的议题树

　　当然，这里我们只是用"结婚对象"作为一个探讨的话题，一方面帮助大家理解拆解问题与日常思维习惯的差异，另一方面展现从相关方入手的具体拆解过程，得到的议题树也是一个可供任何女性朋友参考的评判维度全集。实际上每个人只能关注全集里的一部分，因为符合所有评判维度的恐怕只有"坐在银行里下象棋的奥特曼"。

　　值得再次强调的是，利用流程或者相关方作为问题拆解的逻辑基础，思考过程完全是"从左到右"的。我们并不是依靠零零散散的具体维度来搭建整个逻辑，而是先进行"相关方"分析，厘清了丈夫这个角色全部的社会关系和家庭责任，形成一个非常扎实的、经得起推敲的逻辑框架，然后再去填充议题树最右面的第二层的具体内容。即便第二层的"子议题"填得不够全，后续我们只需要补充进去就可以了，议题树的整体逻辑依旧是符合 MECE 原则的。所以决定议题树质量的不是最右面的第二层具体维度的多寡，而是一开始将我们代入场景的那个关键问题：丈夫这个角色都会和哪些人或者哪些事有关？

　　《潜行追踪》的"逃犯"抓捕议题树则要更加复杂一些，第一层子议题是按照"流程"来拆解的，先"锁定位置"，再"实施抓捕"。而第二层子议题有的是按照相关方拆解的，有的则是按照流程拆解的。比如"通过暴露位置的人"和"通过暴露位置的事物"就是从相关方入手，分别拆解了与"逃犯"有实际接触的人或目击者，以及他们在"逃亡"生活中有关的事；而"实施抓捕"则是从流程入手，"跨团队频繁沟通"是为了预先赶到大致位置，及时出现在抓捕现场；而"逃脱路线拦截"则是在具体实施抓捕时准备的应急预案，两者有着明显的先后顺序。

2.6　回归商业案例

　　经过一系列的案例讨论磨炼了技艺，接下来就让我们回归商业案例，是骡子是马拉出来遛遛吧！

利润改善问题

案例背景

　　Z 公司是国内一家专门生产饮料的中型企业，旗下一共有 3 款产品，分别是凉茶 A、矿泉水 B 和碳酸饮料 C，算是一个区域性的知名品牌，消费者主要集中在省内和周边的一些省市，产品在其他比较远的地方销量很少。这些年来，公司一直坚持"线下 + 线上"的销售模式，不仅覆盖了省内所有的商超和便利店，抓住了周边的一些省市头部的 3 ～ 5 家商超和便利店品牌，而且在国内最大的两家电商 ——T 平台和 J 平台 —— 都开设了官方旗舰店，收入一直稳步增长。在生产方面，Z 公司坚持集中管理，所有的产品都在同一个厂区生产，保障了产品质量，几款饮料也一直深受消费者的喜爱。

　　但是，从今年 1 月份以来，Z 公司的销售利润却一直呈下滑势头。起初公司管理层还以为是短期的数据波动，但是几个月过去了，下滑势头好像有增强的趋势。于是 CEO 便安排你来进行调查，看到底是什么原因导致公司的利润出现下滑。

　　面对这样一个问题，各位聪明的读者朋友会如何拆解问题呢？就请在下面的"议题树"（见图 2-6）中写下你的想法吧！另外特别提醒一句，还希望各位首先自己独立思考，然后对照着自己的结果去阅读后面的解析，这样才会有更多收获。

　　利润改善问题是一类典型的相关方问题，因为利润等于收入减去成本。所以很多朋友就会首先将问题拆解成收入和成本，然后再继续通过相关方分析将收入分 3 款产品拆解成价格与销量，因为每一款产品的销售额都等于各自的价格乘以对应的销量。而成本则同样可以拆解成固定成本与可变成本，然后再分别列举出具体的细项，比如设备折旧、员工成本、销售和管理成本等。

　　但是，按照上面的逻辑拆解出来的议题树却并不"MECE"。为什么呢？

　　因为产品通过不同渠道销售的价格和对应的成本结构是不一样的，所以利润的贡献来源也会有所不同。一方面省内的产品零售价格可能和省外的不一样，而且省外要额外增加一笔运费；另一方面产品的线上售价往往和线下的不一样，而且不同电商平台的服务费也存在差异。所以如果我们笼统地将问题拆解成收入和成本，收入一端就会把各种渠道混在一起，无法反映收入的真实来源；而成本一端更是一笔糊涂账，因为本该归到凉茶 A 电商渠道的成本（举个例子）被算到了总账里面，我们就无法看出每一款产品、每一个渠道真实的利润贡献。

图 2-6　Z 公司利润下滑的议题树练习

因此，一个更好的议题树拆解逻辑是从产品的毛利贡献和全产品线平摊的固定成本入手，把每一款产品、每一个渠道挣了多少钱、花了多少钱都计算得清清楚楚，甚至专属于某一个渠道的销售费用和人力成本也应该归到对应的产品中去，展现出每一款产品到底在哪里赚钱、在哪里亏钱，然后再去研究近期的变化在哪里，这样才能真正找到问题的根源（见图 2-7）。考虑到议题树的篇幅，加粗黑框的"矿泉水 B 的毛利贡献""碳酸饮料 C 的毛利贡献""J 平台电商"与其他"子议题"内容类似，因此未详细展开。

从这个案例我们也可以看出，想要解决好商业问题，笼统地去讲流程和相关方是不够的，我们还要深入、细致地思考企业实际的运营过程，把自己代入商家的视角，搞清楚企业是如何提供产品的，消费者又是如何购买产品的，企业最终是如何盈利的。也只有这样，拆解的议题树才是遵循商业本质的，才是符合 MECE 原则的。

下面让我们再来看一个案例。

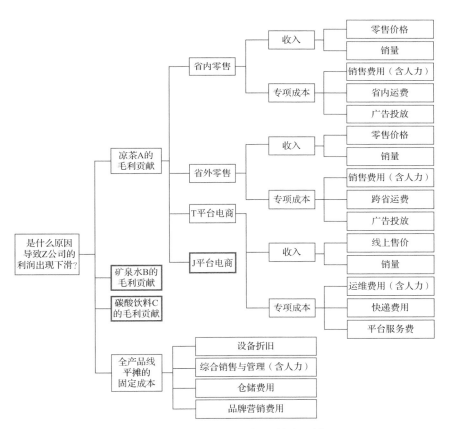

图 2-7　Z 公司利润下滑问题的议题树

案例背景

　　G 公司是某市一家地方性的加油站品牌，在该市的市区和周边的城镇共经营着 15 座加油站，主要销售柴油和各种型号的汽油。由于不具备炼油能力，所以 G 公司的油需要从一些石化公司采购，有时候会签订相对比较长期的供油合同，有时候也签相对短期的合同，主要看几家经常合作的供应商生产情况怎么样以及市场的价格波动。在油价方面，由于 G 公司不具备品牌优势，所以其加油站的油价一般会比国有大品牌加油站的油价便宜一些，以求吸引更多的顾客。

　　除了加油业务，G 公司的加油站全部配有便利店，还提供洗车服务，其中洗车服务外包给了一些个体户，G 公司享有一部分洗车收入，洗车的设备还有消耗品全部由这些个体户承担；G公司直接控制便利店的经营，主要售卖一些车辆的日常易耗品、大众化的酒水饮料、零食和快餐，货品组合和常见的便利店差不多。

　　最近一段时间 G 公司的老板发现，过去一个季度城镇的几座加油站利润率明显出现了下滑，而市区的几座加油站却基本没有变化。于是他想搞清楚问题出在哪里。

还是请大家先在图 2-8 中自己尝试一下吧！

图 2-8 城镇加油站利润率下滑问题的议题树练习

吸取上一个案例的教训，相信这一次各位聪明的读者朋友不会再把各个业务条线的收入和成本混在一起了。所以议题树的第一层就会被拆解成加油业务的利润、洗车业务的利润、便利店业务的利润和总收入。请注意，我们这里讨论的是"利润率"而不是利润，所以议题树的第一层一定要包括总收入，因为利润率等于总利润除以总收入。而且3个业务条线的利润是可以直接拆分出来的，除了土地以外基本没有什么要平摊的成本。因为公司的主业是加油，所以简单处理可以把土地成本都归到加油业务里，当然按面积拆分给3个业务条线会更好。

进一步拆解3个业务条线的利润，我们发现洗车业务和加油业务都是比较好拆解的，洗车业务的利润等于洗车单价乘以洗车数量再乘以分成比例，再减去成本（若有）；而加油业务的利润等于各类柴油、汽油的售价乘以销量，最后再减去所有成本即可。但是便利店的情况就比较复杂，因为货品实在太多了。如果一定要往下拆，恐怕只能用进店人数和平均消费额这样的方法来拆分收入，而成本也只能笼统地拆成"固定成本"和"可变成本"了。

但是，按照上面的逻辑拆解出来的议题树却并不"MECE"。为什么呢？！

首先，一般来加油的、来洗车的和在便利店买东西的往往都是同一批人，3个业务条线虽然价格是相互独立的，但是销量是彼此关联的，来加油的顾客人数决定了洗车和便利店的顾客人数上限，所以加油业务可以通过降低价格来提升销售额，但是洗车和便利店不可以；其次，我们探讨的问题是利润率而非利润，所以真正重要的其实不是利润的绝对值，而是 3 个业务条线的利润占比，因为各自的利润率存在着较大差异。所以在拆解加油业务的时候，我们不能单纯看卖了多少升油，而是要考察到店的顾客人数，因为其中一部分人会去洗车，一部分人会去买东西。此外由于汽车的油箱容积有限，除非那段时间油品的价格出现了剧烈波动，否则一般每位顾客每次到店平均加油的数量大概率是比较稳定的，所以到店人数更能反映加油站当时的市场竞争力。而且一般来说，便利店业务的利润率即便在分摊了土地成本之后也远远高于加油业务，这是由行业和商品的供需关系决定的；而洗车业务的利润则取决于和个体户之间的合同，此外也会受到土地成本处理方式的影响。

　　根据以上的分析，我们就可以对城镇加油站利润率下滑的问题进行更符合商业运行规律的议题树拆解（见图 2-9）。通过这样的拆解方式，很快我们就可以通过横向对比和纵向对比找到高利润率业务占比下降的原因。比如可能到店加油者去便利店消费的比例大幅度下降了，或者去便利店消费的平均消费额减少了等。接下来我们就可以有针对性地继续深入，搞清楚是什么原因导致了这些变化，尤其是市区的加油站都没有变化，而城镇的却降低了。

　　即便我们讨论的问题不是利润率而是利润，以上的议题树依旧更加 "MECE"。因为拆解问题是为了更好地解决问题，如果我们忽略了 3 条业务线在销售量上的联系，后续解决问题的抓手就可能是错的，比如降低便利店的商品价格和洗车的价格就不一定能够提高利润，因为相当一部分顾客不会因为更便宜就更愿意掏钱，他们只是觉得方便而已。

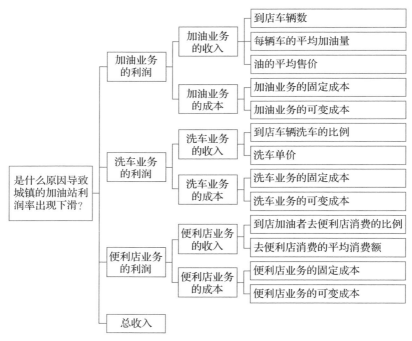

图 2-9　城镇加油站利润率下滑问题的议题树

事实上，很多商业模式都存在着类似加油站这样的情况，顾客的消费是场景化的，也存在多个需求点有待满足，比如一些大卖场同时提供餐饮服务，一些主营 3C 电子产品的品牌也销售智能家电，等等。在这种商业模式下，我们常常能够看到一些所谓的"引流"产品，它们性能优良、物美价廉，颇受顾客的喜爱，也能够帮助企业形成可观的基础顾客群体。而在这些人当中，一部分顾客还会购买性能更加优良或者功能更加差异化的其他商品，也为企业带来了更加丰厚的经济回报。

收入提升问题

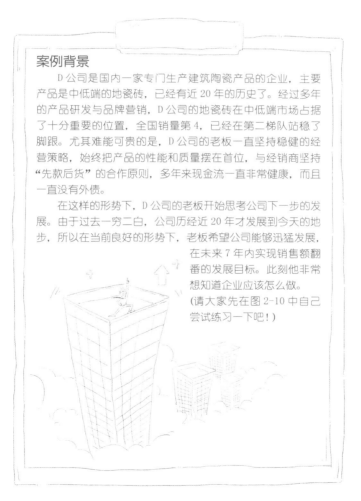

案例背景

　　D公司是国内一家专门生产建筑陶瓷产品的企业，主要产品是中低端的地瓷砖，已经有近20年的历史了。经过多年的产品研发与品牌营销，D公司的地瓷砖在中低端市场占据了十分重要的位置，全国销量第4，已经在第二梯队站稳了脚跟。尤其难能可贵的是，D公司的老板一直坚持稳健的经营策略，始终把产品的性能和质量摆在首位，与经销商坚持"先款后货"的合作原则，多年来现金流一直非常健康，而且一直没有外债。

　　在这样的形势下，D公司的老板开始思考公司下一步的发展。由于过去一穷二白，公司历经近20年才发展到今天的地步，所以在当前良好的形势下，老板希望公司能够迅猛发展，在未来7年内实现销售额翻番的发展目标。此刻他非常想知道企业应该怎么做。

（请大家先在图2-10中自己尝试练习一下吧！）

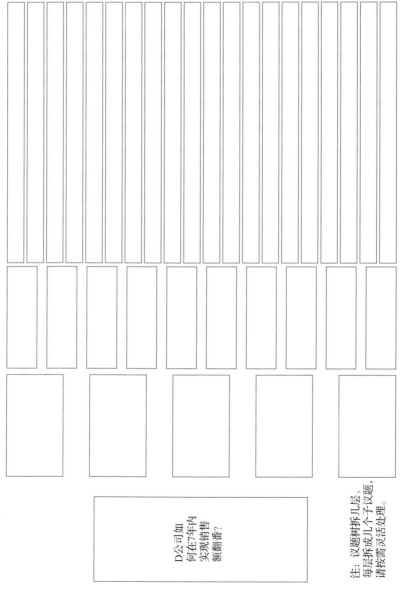

图 2-10　D 公司 7 年销售额翻番问题的议题树练习

注：议题树拆几层、
每层拆成几个子议题，
请按需灵活处理。

D公司如
何在7年内
实现销售
额翻番？

　　经过两个案例的洗礼，相信各位聪明的读者朋友对收入的思考已经非常深入了。很显然，即便 D 公司现在形势良好，用不到过去一半的时间增长一倍，这就意味着接下来 D 公司的发展速度要在过去的 4 倍以上，难度也是相当大的，毕竟这可不是跨了一大步，而是踩着高跷跨了一大步啊！而且 D 公司目前已经处在行业的第二梯队，体量越大，增长越难，光靠产品价格上的优化以及在广告与营销上的投入，恐怕是没办法实现目标的。

　　一个很容易想到的办法就是扩充产品组合，向高端市场进军。对啊，它现在只是在中低端市场做出了名堂，高端市场还是一片空白呢！于是议题树的第一层就可以被拆解成"中低端市场"和"高端市场"。针对现有的"中低端市场"，D 公司一方面可以在价格上进行优化，确保乘以销售量以后的销售额是最大的；另一方面在销售量上它可以和更多的经销商合作，可以卖到更多地方，甚至是出口，也可以加大营销力度等。而针对要拓展的"高端市场"，它可以按照区域和渠道拆解成价格和销售量。

　　但是，按照上面的逻辑拆解出来的"议题树"却并不"MECE"。

　　为什么呢？！！

　　首先，上面的议题树假设了 D 公司只做地瓷砖，不做其他产品，可是实际上在房屋装修的时候，消费者不仅需要地瓷砖，还需要墙砖，因此我们不仅可以拓展产品的档次，还可以拓展产品的品类，总之关键是要围绕着消费者的需求展开行动。其次，上面的议题树假设了 D 公司只是自己做，没考虑兼并、收购。尤其是高端地瓷砖，实际上收购一个成熟的品牌在 7 年的发展时间里往往更有可操作性。考虑到品牌认知度的问题，D 公司从中低端的地瓷砖向中低端的墙砖进行产品拓展，往往更容易靠自己取得成功。而高端地瓷砖且不说产品和技术需要磨合，市场认知度也需要花费时间来建立，因此凭借自己的力量在 7 年内贡献可观的销售额是非常困难的。在日常生活中我们也常常见到，不同档次的产品明明由同一家公司生产，也会注册为不同的品牌（比如汰渍和碧浪），就是考虑到消费者对品牌的认知和信赖问题。

综合考虑产品横向品类与纵向档次的拓展以及兼并收购，我们就得到了下图的议题树（见图 2-11）。特别需要强调的是，虽然靠自己研发和生产高端地瓷砖来实现增长的难度较大，但议题树中我们仍旧保留了这个子议题，因为收购也面临很多不确定性。而且这个议题树实际上还是比较笼统的概念，主要目的是帮助大家进行更符合"MECE 原则"的议题树拆解。在真实的商业社会中，我们必然要对每一个"子议题"进行量化，因为只有可量化的方案才具有实操意义。

另一个常常令很多朋友感到纠结的问题是，收入问题的议题树拆解是不是要考虑成本和利润，因为企业是要赚钱的。我认为除非问题中明确要求了成本和利润，否则不需要考虑。因为业务的增长常常都需要大量的前期投资，产品的盈利大多都需要经历一个现金流回正的过程，所以在没有明确要求的情况下，考虑成本和利润就会在解决问题上束手束脚。

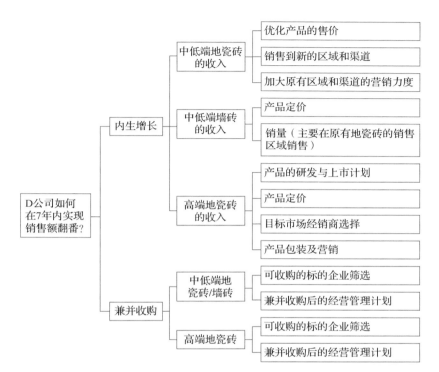

图 2-11　D 公司 7 年销售额翻番问题的议题树

　　回顾以上 3 个案例，我们发现虽然相关方分析是非常好的切入点，但是抓住商业本质更需要我们能够代入商家或者消费者的视角，这才是问题的关键，也是最需要我们磨炼和积累的地方。

　　接下来让我们看一看更加复杂的案例。

开拓新市场问题

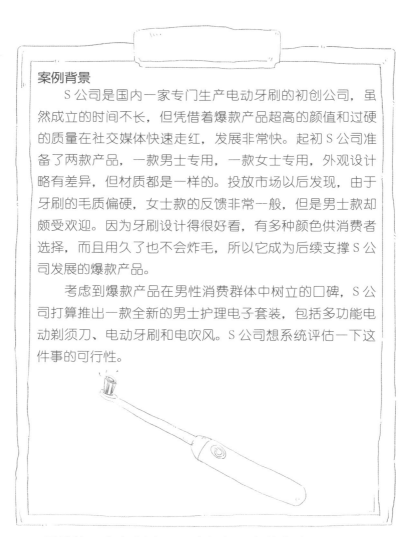

案例背景

  S 公司是国内一家专门生产电动牙刷的初创公司，虽然成立的时间不长，但凭借着爆款产品超高的颜值和过硬的质量在社交媒体快速走红，发展非常快。起初 S 公司准备了两款产品，一款男士专用，一款女士专用，外观设计略有差异，但材质都是一样的。投放市场以后发现，由于牙刷的毛质偏硬，女士款的反馈非常一般，但是男士款却颇受欢迎。因为牙刷设计得很好看，有多种颜色供消费者选择，而且用久了也不会炸毛，所以它成为后续支撑 S 公司发展的爆款产品。

  考虑到爆款产品在男性消费群体中树立的口碑，S 公司打算推出一款全新的男士护理电子套装，包括多功能电动剃须刀、电动牙刷和电吹风。S 公司想系统评估一下这件事的可行性。

同样地，大家在图 2-12 中好好思考并尝试一下吧！

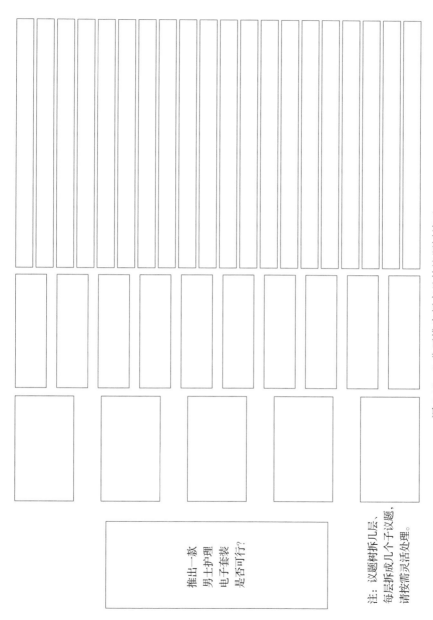

图 2-12　S 公司推出新产品的议题树练习

推出一款
男士护理
电子套装
是否可行?

注: 议题树拆几层,
每层拆成几个子议题,
请按需灵活处理。

在推出一款新产品或者踏入一个新市场之前，显然我们要好好评估一下市场形势与自身的各项禀赋。如果市场足够大，增速很可观，我们自己又在技术、品牌、服务或者其他方面有优势，那么成功的概率就相对较高，进入新赛道就是一个不错的主意。

但是，按照上面的逻辑拆解出来的议题树就符合MECE原则了吗？

当然不是。

经过前面D公司收入增长案例的洗礼，相信各位聪明的读者朋友此刻也意识到，即便这是个好的赛道，我们也需要考虑如何进入呀！是闷头自己研发自己生产呢，还是与其他小家电厂商合作呢，还是干脆收购一两家公司呢？选择不同的路径，后续要做的事情是完全不一样的，而且产品投放市场的时间也会有很大的差异。

那么，考虑了以上几种进入新赛道的方式以后，新的议题树就符合MECE原则了吗？

当然不是。

正如我们在前面反复强调过的，公司决策应该基于量化的分析，在判断可行性的时候，必然要有量化的衡量标准，例如项目年化回报率不低于12%，不超过两年回收成本等。所以在判断了市场有机会、决定了具体的进入方式以后，还需要详细估算项目的前期投资和后期回报，确保这不仅是一个"概念上的好主意"，而且是一个"账本上的好生意"。

　　但是，按照上面的逻辑拆解出来的议题树却仍旧并不"MECE"。

　　为什么呢？！！！

　　因为新产品的推出会影响老产品的销售。在商业领域，我们把这种现象称为蚕食效应。蚕食效应指的是公司推出的新产品或者新服务与老产品或者老服务直接竞争，导致老产品或者老服务的销量或市场份额下降的现象。在现实的商业社会中，3C电子产品的更新换代和电动汽车的日益普及就体现了非常典型的蚕食效应。而在这个案例中，购买了护理套装的人显然不会再买电动牙刷了，所以我们必须将蚕食效应考虑在内。

　　综合了以上的思考，我们就得到了图2-13的议题树。显然这个议题树综合了流程和相关方，体现了一个复杂的综合性问题。议题树的第一层是按照流程来拆解的，如果市场没有好机会，那我们也就不用考虑如何进入了；而不确定进入方式，我们就无法确定新产品的总投资（因为投资是高度依赖进入方式的），更无法确定回报。而到了议题树的第二层和第三层，我们再次使用了相关方的拆解逻辑，针对流程中的每一步都详细分析了具体都和哪些人或者哪些事相关。尤其是在第三个子议题（进入后的回报如何？）的拆解过程中，我们不仅考虑了市场对新产品的反馈（这会直接体现在新产品预计收入上），我们还考虑了新产品对老产品的影响，充分体现了完整的相关方分析是多么重要。

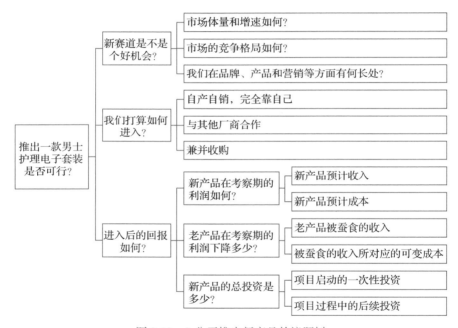

图 2-13　S 公司推出新产品的议题树

股权投资问题

案例背景

　　H 公司是国内一家专注于科创公司和消费品公司的知名 PE (私人股权投资公司)，管理的基金规模位列全国前十，2010 年以来已经先后投资了近百家公司，覆盖了包括化工、医疗、机械制造、消费品和互联网等众多行业。最近一段时间，有一家研发生产新材料的科创公司引起了 H 公司的注意。这家公司的核心团队成员全部毕业于清华大学和北京大学，之后又赴美深造并在常青藤院校拿到了博士学位，可以说该公司聚集了一批在新材料领域最年轻、最优秀的科研人才。

　　基于核心团队此前多年的积累，这家公司在成立不到一年的时间里便成功研发出一款全新的高分子材料。这种材料不仅重量轻、强度高，而且能大规模量产，可广泛应用于汽车、医疗、机械制造、3C 电子产品和消费品等众多领域，尤其是作为大、中、小各种体积的设备和器材的外壳，性能极为优良，相比传统材料有着非常显著的替代优势。

　　这家公司此前已经进行过一轮融资，这次是第二轮。由于初创团队星光璀璨，目前该公司在投资圈颇受关注，不止一家 PE 向该公司抛出了橄榄枝。现在 H 公司负责这个板块的团队想要分析一下是不是应该投资这家公司。

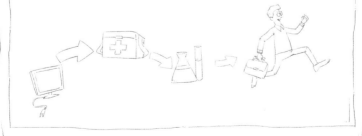

老规矩，大家先在图 2-14 中好好思考并尝试一下吧！

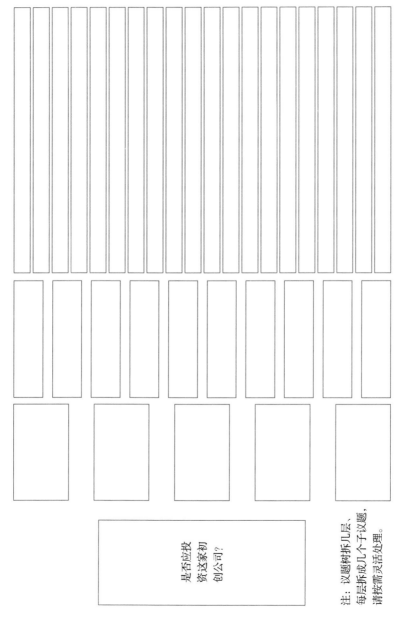

图 2-14　H 公司投资初创公司的议题树练习

注：议题树拆几层、每层拆成几个子议题，请按需灵活处理。

股权投资类问题实际上和开拓新市场问题有些相似，我们同样可以用流程来进行议题树第一层的拆解。第一步，评估被投公司所处的行业是不是一个好的赛道，具体来说就是看这种高分子材料可以应用在哪些行业的哪些场景，替代优势怎么样，客户的替代意愿强不强，以及被投公司的市场拓展规划是否合理。第二步，我们需要详细分析被投公司的产品在未来若干年内的市场发展，从而对产品的销售额和利润进行合理估值，并基于 H 公司自己的投资回报标准来判断是否可投。由于股权投资方一般不直接参与被投公司的运营，因此以上先定性、后定量的整体思路其实和开拓新市场的问题是完全相同的。

但是，股权投资类问题却常常有几点需要额外考虑的子议题。首先是竞争问题。正如案例背景中提到的，好的被投公司一般都有多家 PE 相互竞争，所以 H 公司不仅要考虑自己对被投公司的估值，也需要考虑竞争对手的估值，出价太低就容易在竞争中丧失主动。其次是协同效应。既然 H 公司已经投资了上百家公司，涉及的行业又很多，那么 H 公司已经投资的公司很可能也是这家被投公司的潜在客户，甚至是具有标杆效应的大客户。所以协同效益实际上是大中型 PE 在市场竞争中一个很大的优势，必须予以考量。最后是退出前景。PE 做投资是为了退出时盈利，所以投资一家企业的时候也需要考虑其退出前景。一般来说最理想的是通过 IPO，也有小部分是通过战略性的兼并和收购。综合以上的因素，我们就得到了下图的议题树（见图 2-15）。

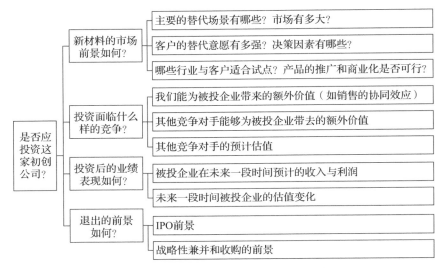

图 2-15　H 公司投资初创企业的议题树

实际上，兼并收购问题和股权投资问题需要考虑的因素也非常相似，所以我们就不再单独进行讨论了。不过需要指出的是，股权投资最后的目的一般是退出盈利，而兼并收购的目的一般是继续经营，所以在兼并收购问题下，最后有关退出的子议题就被替换成了有关经营风险的子议题，内容包括关键人才的流失、企业文化的冲突等。当然，还有一类兼并收购的目的是消灭竞争对手，所以收购完成之后被投公司的品牌渐渐从市场上消失了，这时候我们就需要考虑原有的产品和服务因为市场少了一个竞争品牌而上升的市场份额有多少。由于这种情况涉及特殊场景的评估与决策，这里就不做过多展开了。

定价问题

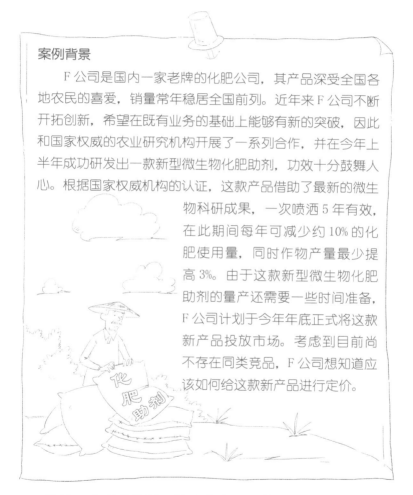

案例背景

　　F 公司是国内一家老牌的化肥公司，其产品深受全国各地农民的喜爱，销量常年稳居全国前列。近年来 F 公司不断开拓创新，希望在既有业务的基础上能够有新的突破，因此和国家权威的农业研究机构开展了一系列合作，并在今年上半年成功研发出一款新型微生物化肥助剂，功效十分鼓舞人心。根据国家权威机构的认证，这款产品借助了最新的微生物科研成果，一次喷洒 5 年有效，在此期间每年可减少约 10% 的化肥使用量，同时作物产量最少提高 3%。由于这款新型微生物化肥助剂的量产还需要一些时间准备，F 公司计划于今年年底正式将这款新产品投放市场。考虑到目前尚不存在同类竞品，F 公司想知道应该如何给这款新产品进行定价。

　　最后一个商业案例，请大家在下面的图 2-16 中好好思考并尝试一下吧！

应该如何
给这款新
产品定价?

注：议题树拆儿层，
每层拆成儿个子议题，
请按需灵活处理。

图 2-16 F 公司新产品定价的议题树练习

定价问题大家可能相对陌生一些，其实它仍旧是一个流程问题。

一般来说，常规的定价方法共有 3 种，分别是成本加成、价值增值和供需竞争，除此之外还有一些特殊的定价手段，比如为了刺激销量而采用的阶梯式定价等。成本加成一般多见于产品完全同质化的大宗货物贸易还有一些加工行业，其显著特点是市场竞争一般非常激烈，利润十分透明。价值增值一般多见于产品替代，因为既然讲增值，就起码需要一个参考，这样才能将具体的价值增值计算出来，顾客才会买账。供需竞争则更为常见，也更为复杂，需要把竞品的产品特色与定价、我们的产品特色以及不同定价可以实现的销售量综合在一起进行考量，还需要考虑顾客的消费能力，以及对不同价格的反应。

有了这些基本的定价方法，我们就可以分两步进行定价的议题树拆解。首先在几种常见的定价方法中选择最适用的，然后对成本和销量进行定量核算，评估未来的盈利能力能否达到公司的预期。如果不能达到，就再去思考是否还有更多的价值没有挖掘出来，是否有更多的应用场景没有考虑，或者价格是否还有提升的空间，如此循环往复。最终我们就得到了下图的议题树（见图 2-17）。

怎么样，经过这一系列的案例演练，大家的思考是不是变得更加缜密了呢？

为了避免泛泛而谈，在这一小节里我们借助了一些最常见的商业案例来探讨议题树的拆解逻辑，并且将流程和相关方分析灵活地应用了起来，得到了一系列贴合案例背景的议题树。但是需要说明的是，以上案例都是基于笔者多年的行业观察与经验编写而成，目的是让大家明白如何才能更好地设身处地地思考问题，如何才能拆解出更加符合 MECE 原则的议题树。至于案例中的公司，还请大家切勿对号入座。如有雷同，实属巧合。当然，还有更多的商业问题我们尚未涉及，比如投资扩建问题、运营优化问题、产能外包问题等。大家也可以在日常的工作和生活中多关注一些各式各样的商业问题，通过流程和相关方分析，多多磨炼自己拆解问题的能力。

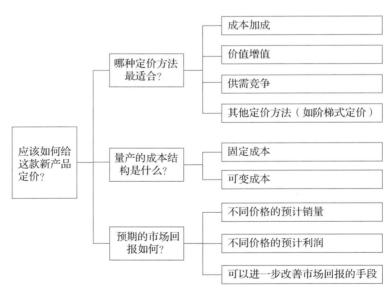

图 2-17　F 公司新产品定价的议题树

　　此外我还想特别强调，我非常反对去背诵一些类似"内因、外因""长期、中期、短期""与财务相关、与财务无关""人、货、场"之类的问题拆解套路，在这一小节我们讨论得来的一系列议题树也绝非什么放之四海而皆准的黄金模板。议题树是我们解决复杂新问题的思考工具，我们需要就事论事地拿出具有针对性的拆解结果，而不能用过去的框架生搬硬套。在对以上一系列商业案例循序渐进的研讨中，大家也能够感受到过于套路化的害处，因为每个问题都有其独特性。不仅如此，套用所谓的黄金模板还有可能在工作中招致别人的反感，这一点我们在后面还会单独展开。

2.7　生活中的案例

　　拆解问题不仅能够帮助我们解决复杂的商业问题，在生活中同样可以为我们打开思路。请看下面的例子。

案例背景

　　李曼的孩子马上就要升初中了，最近她正因为给孩子选学校的事情非常苦恼。孩子的成绩一直不错，可以去的学校很多，所以她才犯了难。挑来挑去，最终她把目光聚焦在 3 所学校上，然后问遍了身边的亲戚、朋友和同事，有的推荐这所，有的推荐那所，有的干脆说她在变相地炫耀孩子成绩好，到现在也没个结论。

　　眼看着时间一天一天过去，李曼的心里越来越着急。她非常想从这 3 所学校中挑选出教学质量最好的，距离远近都不是问题。

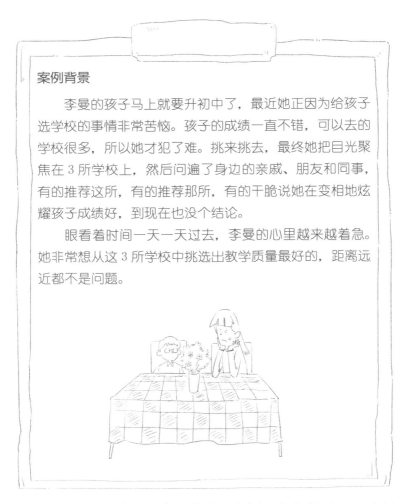

　　这是一个很有现实意义的生活案例，大家在图 2-18 中好好思考并尝试一下吧！

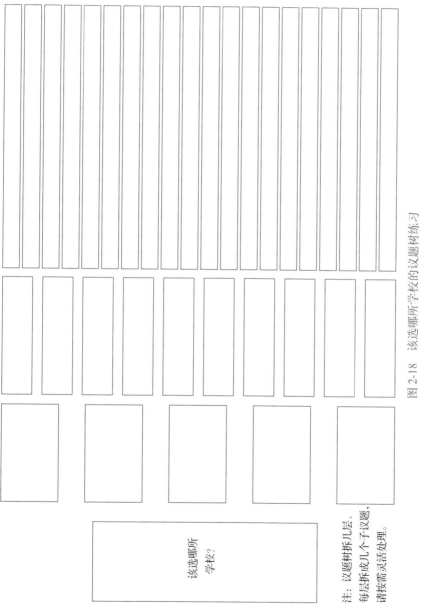

图 2-18　该选哪所学校的议题树练习

注：议题树拆几儿层，
每层拆成几个子议题，
请按需灵活处理。

该选哪所
学校？

　　这看起来是一个相关方问题。决定一所学校教学质量的都有哪些人或者哪些事呢？首先必然和学校的校长有关，因为校长决定了学校的治学理念和校园文化。其次必然和学校的老师有关，具体来说就是要看接下来马上轮值到初一的那批老师怎么样。他们的履历如何？带过的班级升学率如何？带过的班级有没有成绩非常好的？再次还有往届学生。他们的入学成绩怎么样？初中在读期间有没有在重要的省级或者全国性竞赛中拿过奖？学校整体升学率如何？最后就是学校的硬件和软件配套。学校都配备了哪些实验室？在寒暑假是否安排各种帮助孩子成长的夏令营、冬令营活动？有没有重点高中的保送名额？诸如此类。

　　基于以上分析，我们就可以得到一份包含了所有相关方的议题树。不过问题是，这样的议题树就符合 MECE 原则了吗？

　　恐怕并不是。

　　因为我们要回答的问题是"好与坏"或者"高或低"，而上面的议题树却只能为我们提供评判的维度，所以我们还需要制定一套打分标准。不管这套打分标准具体是什么样的，我们都需要有这套标准。把评判维度和打分标准结合起来，我们就得到了下图的议题树（见图 2-19）。所以这个问题实际上并不是一个单纯的相关方问题，而是一个综合性问题。果然问题定义上存在一点点细微的差别，后续的拆解就会存在很大的不同啊！

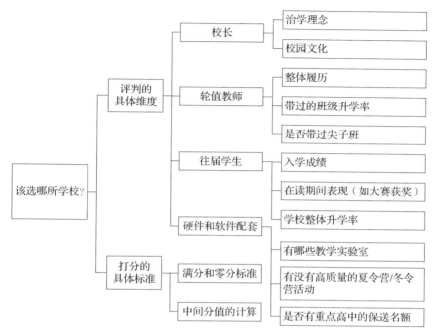

图 2-19　该选哪所学校的议题树

接下来让我们再来看另一个案例。

案例背景

  家住北京的李强上个月非常幸运地摇到了车牌号，可把他高兴坏了。因为现在北京摇号的人非常多，李强才刚刚开始摇号不到 8 个月，根本没想到这么快能中，所以压根儿没考虑过买什么车。因为政策的缘故，李强需要在半年内购买一辆燃油车，否则指标就作废了，所以现在他必须把买车提上日程，好好挑选一辆心仪的车。

  在购车的预算方面，父母可以支持他 20 万元，加上他自己存下来的十几万元，总共有不到 35 万元的现金可以用来买车。

  于是他想知道，买车究竟需要考虑哪些因素。

  另一个有趣的生活场景，大家在图 2-20 中好好思考并尝试一下吧！

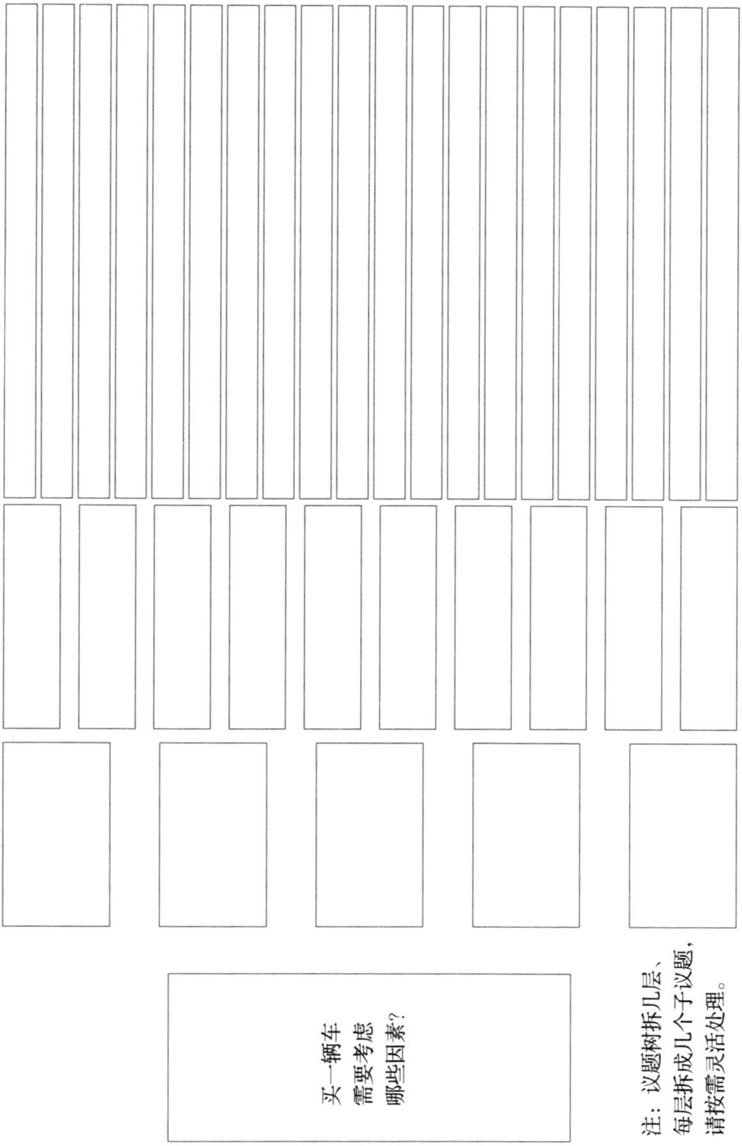

买一辆车
需要考虑
哪些因素？

注：议题树拆几层、
每层拆成几个子议题，
请按需灵活处理。

图 2-20　买车的议题树练习

看起来这是一个流程问题。首先我们需要决定买多少钱的车，全款的话不超过 35 万元，贷款的话金额就可以高一些，首付不超过 35 万元，后续的月供能接受即可。确定好具体的价位，我们就可以开始筛选车辆了，这里主要有两方面的因素需要考量，分别是品牌和车型。确定了品牌和车型，最后还需要选择具体的版本和配置，这样我们的爱车就选好了。

这样就结束了吗？当然没有。

仔细思索之后我们发现，虽然选好了买什么，但是我们还没有选好在哪里买，所以 4S 店的选择也必须考虑在内。

补充了 4S 店的选择，我们的议题树就符合"MECE 原则"了吗？

恐怕还没有。

经过上一个案例的洗礼，大家应该也意识到，我们现在还缺少一些理性的选择依据。比如车型的选择，到底是轿车还是 SUV，我们全凭自己的喜好选，还是有什么依据可以考虑呢？这时候，未来的用车场景就变得十分重要。我们是为了通勤，还是为了长途旅行，还是平时没啥用、准备租出去？我们买车的目的就需要体现在"议题树"当中。综合以上的思考，我们便得到了下图的议题树（见图 2-21）。

所以说，解决问题的方法论不仅能够在职场中发挥力量，也能让我们在生活中更有智慧。

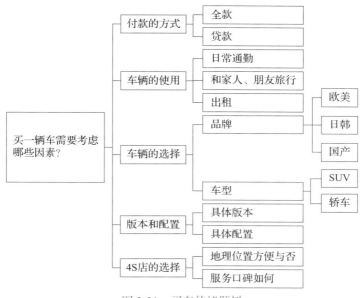

图 2-21　买车的议题树

2.8　好的议题树永远是定制的

2014 年韩国播出了一部名叫《未生》的都市职场剧，该剧因贴合现实的剧情和演员们精湛的演技斩获了多项亚洲大奖。剧中的男主角名叫张克莱，就职于韩国一家知名的综合贸易公司，日常工作是与世界各地的企业开展外贸合作。

由于张克莱所在的小组业绩不错，领导给他们额外加派了一名员工，这名员工也负责起了中东的一个合作项目。这个项目虽然风险较高，但是回报非常丰厚，所以颇受大家的关注。但是在工作过程中，张克莱发现了很多疑点，于是和小组的组长进行了深入调查，结果发现这名员工违规操作，最终牵连了公司包括高管在内的很多人。

犯错误的员工和受牵连的高管离开公司后，小组决定继续推进中东的合作项目。这招致了很多人的反对，而这一段剧情也令我印象深刻。

费了九牛二虎之力，他们才争取到向公司管理层汇报这个项目的机会。这一次汇报关系到项目能否得到批准，而刚刚发生的事情又给这个项目蒙上了一层难堪的颜色。应该如何组织这次汇报呢？怎么样才能获得公司的批准呢？

如果按照常规的项目汇报框架，首先他们需要向各位领导详细介绍项目的各项情况，讲清楚项目的具体商业模式；其次他们需要分享准确的定量分析结果，说明项目的回报十分丰厚；最后他们还需要点出潜在的合作风险，以及系统的应对方案，最终交由管理层决策。这样汇报起码需要 1 个小时。

但是最终，他们却没有采用常规的项目汇报框架。

为什么呢？因为面对这样一个曾经令公司蒙羞的项目，所有人都需要一个充分的理由认真听下去，所有人都需要先摘掉有色眼镜，从商业的视角来公正地评判这个项目。

张克莱他们是怎么做的呢？在汇报时，他们没有先从项目介绍开始，而是先列举了公司在过去几年发生的徇私舞弊事件，以及因为此类事件而放弃的一系列项目。他们放弃了以后，其他公司接手了这些项目，并且获得了丰厚的投资回报。项目的好坏应该用理性的商业分析和数据来下判断，不应该因为经办人违法就半途而废。

汇报的最终结果可想而知。

我常常在线下教学中和企业的朋友们强调：好的议题树永远是定制的，因为它不仅显示了你的态度，更显示了你的水平。无论你的上级还是你的客户，都不希望看到你的工作成果是简简单单套用了几个模板、参考了几个案例得来的。如果这样做，他们很可能觉得不受重视，甚至感到被冒犯了。

为了让大家深刻体会到定制与否的差别，我还经常用经典美剧《老友记》中的一个人物来做一次有些"开脑洞"的讨论。

《老友记》的第 3 季里有一位名叫皮特的亿万富翁，他征服了数学界、商界等各个领域，只剩下体育界还没征服，于是就去打拳击，结果被揍得屁滚尿流，剧情颇为好笑。假如他痛定思痛，准备从体育界转战影视界，目标是冲击奥斯卡影帝，那么应该怎么做呢？

经过了诸多案例和情景的磨炼，这个问题对大家来说已经没什么挑战了。显然这是一个流程问题，无非就是提升演技和找好的剧本参演嘛！于是很快大家就得到了下面的议题树（见图 2-22），大部分人都非常满意。

接着我又向大家提出一个问题：大家觉得这位亿万富翁皮特是个什么样的人呢？

这回大家的猜测开始五花八门，不过最能引起共鸣的还是"特立独行"和"热爱挑战"这两个关键词。

那么，这位"特立独行"且"热爱挑战"的皮特看到上面的议题树，会有什么反应？

当然是极为不满，甚至大为光火！为什么呢？

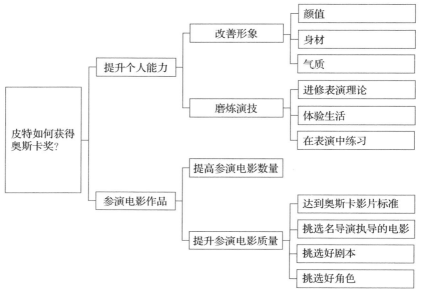

图 2-22   帮助皮特获得奥斯卡奖的议题树

皮特

　　皮特的抱怨的确在理。要知道，好莱坞的演员可是个个演技超群，皮特作为一个半路出家的富豪，能上大荧幕就已经谢天谢地了，还想拿大奖？用自己的爱好去挑战人家的职业，实在是有点以卵击石。

　　问题当然困难，但是有没有其他利用了皮特自身优势、成功概率稍微高一些的办法呢？其实是有的。

　　既然演技拼不过，那就演自己嘛！所以一个更加定制化的议题树拆解思路就是：为皮特拍摄一部带有纪录片性质的电影，邀请知名编剧将皮特的故事转化成剧本，再由皮特自己出资（或者与其他人合资），邀请顶尖的导演和演员团队完成拍摄，当然也少不了后续的上映和评奖过程中的游说。

　　怎么样，现在皮特的感觉是不是就好多了？

　　不过值得注意的是，对于皮特这样的亿万富翁来说，纪录片虽然好拍，但是奥斯卡奖依旧难拿。这样拆解议题树其实隐含了一个重要的假设，那就是从皮特的个人经历中能够挖掘到一些有望获得奥斯卡奖的题材，比如他曲折的奋斗经历展现了美国梦，他不断征服各个领域的过程展现了创新精神，等等。而这实际上就是接下来我们要讲解的议题树的特殊形式——假设树。

2.9　用假设树进一步提升效率

　　假设树，顾名思义，其所有子议题都围绕着一个核心假设展开。区别于一般议题树从左到右、逐层展开的结构，假设树往往是一个串联式的结构，也是一种典型的流程问题（见图 2-23）。最左边是待证明或者证伪的假设，而右边则是假设成立的一系列前提，从最基础、最重要的前提开始，一直到最细致、最具体的前提结束。每个前提下面则像一般的议题树一样展开若干个子议题，用于支撑前提，所以每一个前提和下面的子议题都是论点和论据的关系。

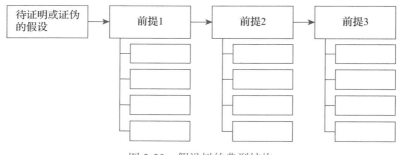

图 2-23　假设树的典型结构

毫无疑问，能否提出高质量的假设是假设树成败的关键，因为一旦提出的假设被证伪，解决问题就必须从头来过。所以在实际应用时，形成假设必须有可靠的依据，要么有丰富的经验做参考，要么有成功的先例来借鉴。如果确实能形成高质量的假设，那么假设树更加聚焦的问题解决思路就会大大提高我们的效率。所以正如我们在本书第 1 章 "问题定义" 中提到的：如果面对的是陌生的新问题，一般议题树会更合适；如果面对的是相对熟悉的问题，那么假设树就会体现出优势。

　　就以上一小节中亿万富翁皮特的奥斯卡梦为例。之所以我们敢于提出"从皮特的个人经历中能够挖掘到一些有望获得奥斯卡奖的题材"这样的假设，首先是因为已经有不少关于企业创始人的成功佳作，比如讲扎克伯格和 Facebook 的电影《社交网络》；其次是因为皮特个性鲜明，又征服过多个领域，本身就具有一定的个人 IP 属性和话题感。

　　有了这个核心假设，我们就可以通过流程来拆解出整个假设树，核心思想是通过研究奥斯卡奖过去的评奖规律与最新风向，从皮特的个人经历中挑选出最能够满足奥斯卡奖评选标准的部分，然后制作成电影，参与评选。因为我们几乎是跳过了一般议题树中提升演技这个部分，所以成功概率和效率都大大提升了。

　　在我们这一章开篇提到的《潜行追踪》里，经验丰富的猎人团队就非常善于大胆假设、小心求证。在 14 名"逃犯"中，有一对兄弟非常特殊，他们一家人都是非常虔诚的锡克教信徒（锡克教发源于 15 世纪的印度，是在反对印度教的基础上形成的，主旨是建立一个平等、没有种姓制度的社会）。对于这一对兄弟，猎人团队从一开始就充分利用他们的特征。

　　刚开始"逃亡"的时候，两兄弟故意留下一条错误的信息，把猎人团队误导到了一座海边小镇。虽然感到这个地点有些奇怪，两兄弟在那里很难融入，但猎人们还是及时赶到了现场，并且拿着两兄弟的照片到处打听，毕竟两个背着大包的亚裔男子太扎眼了。

　　在小镇扑了个空，猎人团队马上对两人的社会关系和通话记录进行了分析，并找到其中一个人的女朋友作为突破口，开始了电话监控，同时假设这对兄弟藏匿在了分布于英国各地的锡克教聚集区。

这条假设显然非常靠谱。藏匿在教友中间是最安全的，伙伴之间浓厚的情谊不仅能给他们带来很多帮助，也能给他们带来重要的保护。不过同时也带来了一个问题，那就是他们的活动范围很小，查起来很快，而且经常需要电话联系。

猎人团队当然也注意到了这一点。在追查到两兄弟的大致下落以后，这一次他们没有拿着照片到处打听，甚至在抓捕前的踩点都谎称自己走错了地方，生怕自己打草惊蛇。直到后来获得闭路电视录像的确认，抓捕团队才最终出击。如果使用假设树来展现猎人团队的抓捕思路，我们便可以得到下图的假设树（见图 2-24）。

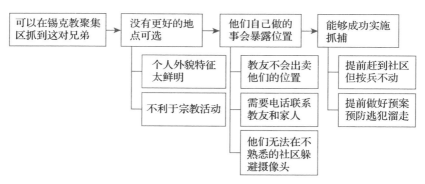

图 2-24　抓捕两兄弟的假设树

最后结果如何呢？原本以为会是个大麻烦的两兄弟，连一集都不到就下线啦！

2.10　尾声

《潜行追踪》里的猎人团队如此强悍，既有丰富的实操经验，又能系统地拆解问题，还会大胆地形成假设，那这些勇敢的普通人就只能全部束手就擒了吗？

当然不会。

虽然我也深知剧透不是什么美德，但我还是对成功逃脱抓捕的普通人表示敬佩。世界上难道还有力量更加悬殊的对决吗？面对这样困难的形势，这些普通人都能够战胜世界顶尖的 30 人团队，还有什么问题是我们不能解决的呢？这不仅仅是一部抓"逃犯"的真人秀节目，这简直是给我们解决问题的信心打了一针肾上腺素啊！

不过看到另外一则数据，却让我不禁担忧了起来。

早些年西南证券还曾经发布了一份名为《众里寻他千百度，那人或在屏幕深处》的单身人口研究报告，分享了"剩男"问题越发严峻、高学历女性单身比例更高、择偶经济要求节节攀升等研究发现。呃，这一章我们花了不少篇幅拆解"该用哪些维度评判一位男士是不是理想的结婚对象？"，希望这些讨论不要助长了趋势的发展才好啊！

3

优先级排序

——我们如何最大化投入产出比

决定好优先顺序，将精力集中在能够取得显
著成果的出色工作领域。

——彼得·德鲁克，《卓有成效的个人管理》

3.1　时间管理"四象限"法 ≠ 优先级排序

　　说到优先级排序，很多朋友第一时间便会想到由史蒂芬·柯维在《高效能人士的七个习惯》中提出的时间管理"四象限"法，也就是把工作按照重要性和紧急性的程度进行划分，于是就被切分成了四个象限，分别对应着"重要且紧急""重要不紧急""紧急不重要"和"不重要不紧急"四个部分（见图3-1），不同类型的工作可以采取不同的处理方式。

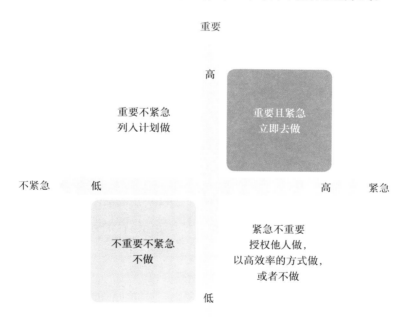

图 3-1　时间管理"四象限"法

这本书被美国《福布斯》杂志评为"有史以来最具影响力的 10 大管理类图书之一",曾雄踞《纽约时报》畅销书排行榜之首,全球销售数千万册,影响极为深远。所以也难怪大家听到优先级排序便会条件反射地想到"重要性"和"紧急性"组成的四个象限。

但我在这里必须要澄清的是:时间管理"四象限"法和解决问题方法论第三步"优先级排序"完全是两码事。

让我们分别来看一个例子。

时间管理"四象限"法的例子

李凡是一家企业销售部的小组长,团队包含他在内一共 6 个人。在其他 5 个团队成员里,有 2 个已经在公司干了 5 年以上,经验非常丰富,也是他的左膀右臂。其余 3 名同事入职不到 1 年,还处在学习阶段。今天摆在他工作清单上的有这样几件事:

1. 整理小组第二季度业绩材料,为 3 天后的部门大会做准备。
2. 和一名老客户通电话,昨天对方微信留言说有需求要对接。
3. 参加生产运营部的月度工作复盘会。
4. 参加财务部下个月举办的预算会议。
5. 与客服部门一道解决昨天发生的客户投诉事件。
6. 与人力资源部门面谈 3 位新员工的入职表现。

思索一番之后,李凡准备使用时间管理"四象限"法来安排自己的工作。其中第 4 件事和第 5 件事都安排在今天,而且都很重要，非他不可，所以他决定立刻亲自处理；第 2 件事和第 3 件事虽然也都安排在今天，但完全可以由他的下属代劳，事后充分沟通即可，所以他决定授权；而第 1 件事和第 6 件事虽然重要，但并不是今天必须完成，所以他决定今天先起草一个材料提纲，然后把人力资源部门的会议安排在 4 天以后，留下充足的时间准备小组第二季度的业绩材料。

优先级排序的例子

某集团是一家大型的多元化商业集团，总部的前身是省级国有投资平台，在经历了多轮的收购与重组之后，成为一家具有多个业务板块的集团化公司。每年的年末，集团下属的几家公司都会将下一年的业务发展规划上报集团批准，特别是重大投资项目，由集团战略投资部统一归口管理、集中评选。今年集团预计可投资的金额为 70 亿元，而最终进入待评选名单的几个投资项目包括：

1. 某精细化工生产线项目，内部收益率（IRR）预计 12%，项目投资金额 40 亿元。

2. 某医疗设备项目，内部收益率预计 15%，项目投资金额 15 亿元。

3. 某电动汽车电池项目，内部收益率预计 22%，项目投资金额 25 亿元。

4. 某智能制造机器人项目，内部收益率预计 18%，项目投资金额 10 亿元。

本着资金价值最大化的原则，集团最终决定优先投资电动汽车电池项目、智能制造机器人项目和医疗设备项目，而精细化工生产线项目则需要考虑引进外部股东或压缩投资。

对比两个例子就可以看出，时间管理"四象限"法对比的是完全不在同一个层次上的几件事，这些事不仅目的不同、重要性不同，甚至连发生的时间都不一样。之所以要相互比较，目的是要筛选出真正需要自己现在去做的，其他事要么交给别人，要么安排其他时间，要么干脆不做。所以时间管理"四象限"法关注的问题是：我（不可以是别人）现在（不可以是其他时间）应该做什么？

而优先级排序对比的是在同一个层次上的几件事，这些事的目的都是解决同一个问题，重要性没有差别，发生的时间也完全由解决问题的人来决定，不存在紧急不紧急之类的约束。之所以要互相比较，目的是筛选出投入产出比最高的，优先投入资源。所以优先级排序关注的问题是：我们应该把资源优先放到哪里？这些资源可以是一个人或者一个团队的时间，可以是金钱，也可以是其他重要的东西，比如计算机的运算能力。所以即便是在优先级排序中被放弃的事，原本对解决问题也是有帮助的，本身也是有意义的，只是因为我们资源有限，或者这些事的投入产出比相对不够高罢了。

电影《当幸福来敲门》中的一个桥段更是很好地诠释了两者的差别。由威尔·史密斯扮演的男主角克里斯在获得证券公司的实习机会以后，公司给每个实习生都分别发了一份长长的潜在客户名单。这张名单是如此之长，以至于他们根本不可能打完所有潜在客户的电话。开始的两个月，克里斯只是按照名单上的顺序一个一个打下去，但在经历了无数次失败以后，他意识到自己的做法是在浪费时间。于是克里斯开始挑选客户的头衔，专门挑高管打电话，并且很快取得了突破。

　　每打一通电话都是一次潜在的销售机遇，但是成功的概率却因对象不同而大有不同。这些电话都很重要，也不存在紧急性的差异，更不可能交给别人去打。所以，打电话是典型的需要用优先级排序来处理，而非用时间管理"四象限"法来处理的事。

3.2　个人任务的优先级排序

　　既然优先级排序考虑的是投入和产出，那么在各种不同的情境下，我们应该如何去衡量呢？首先来看下面的例子。

案例背景

　　李丽在一家从事机械制造的公司担任财务主管。上个季度的财务数据出来以后，管理层发现原材料成本有了比较明显的上升。由于公司生产的设备非常复杂，涉及的原材料非常多，金额也比较大，所以 CFO 专门安排李丽好好审一审上个季度的原材料采购成本，看看到底是哪里出了问题。李丽把所有的原材料项目都汇总到了一起，于是得到了下面这样一张表：

项目	平均单价 (元)	单价涨幅 (%)	采购总量	货源	总采购金额(万元)
传感器	223.13	13.2	9850 吨	2	219.78
天然橡胶	13 683.22	25.2	68 吨	2	93.05
钢材	12 850.05	7.3	72.5 吨	1	93.16
聚乙烯	8 238.38	11.2	186 吨	3	153.23
电子元件	65.83	12.6	42 130 个	4	277.34
铝材	20 530.19	19.8	29.3 吨	2	60.15

　　所有原材料的价格都在上涨，那么应该先聚焦哪一种呢?

　　直观上看，天然橡胶和铝材的价格上涨幅度最大。那是不是就应该优先聚焦在这两项上呢?

　　当然不是。

　　如果结合采购总量和总采购金额，实际上大部分钱花在了电子元件和传感器上。虽然它们的单价涨幅并不是最大的，但是巨大的采购量导致不同原材料价格每上涨 1% 所带来的总成本上升幅度是完全不同的，也就是说总成本对不同原材料价格上涨的敏感度存在差异。所以我们关心的并不是单价上涨了多少，而是每项原材料对总成本的上升"做了多大贡献"。正确的方法应该是先算出原价，再乘以采购总量，然后再乘以单价涨幅，从而获得上个季度每项原材料采购比以前多花了多少钱，最后再从大到小完成排序，也就是如图 3-2 所示。

单位: 万元

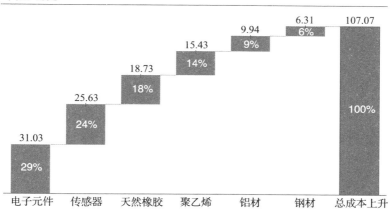

图 3-2　上个季度原材料采购增加值的组成

通过分析以上的数据，我们发现电子元件对总成本上升的贡献最大，比例高达 29%；紧随其后的是传感器，占比 24%；而单价涨幅最大的天然橡胶和铝材仅排到第 3 名和第 5 名，分别贡献了 17% 和 9%。

那么，我们是不是就应该把电子元件排到第一优先级来进一步深入呢？

需要特别强调的是，优先级排序关注的是投入和产出的比值，而不是绝对的产出数量。因为不论投入的是时间、资金还是其他资源，都存在机会成本——如果不投入到这件事上，就可以用来干别的，所以回报率才是我们关注的重点。

回到刚才的案例，这时候请大家仔细思考一下，在得到上个季度原材料采购增加值的组成以后，我们的优先级排序完成了吗？

其实并没有。

因为图 3-2 实际上仅仅展示了哪些材料的增加值更高，或者说哪些材料的优化空间更大，只包含了产出，而没有考虑工作上的投入。

对李丽来说，她的工作投入是什么呢？显然是她的时间和精力。那么我们应该如何考虑李丽在不同原材料上花费的时间和精力呢？

进一步思考，我们就会发现，这件事光凭李丽的力量是没办法解决的。作为一名财务人员，她掌握的是全盘的数据，但是对每一种原材料的市场情况和每一家供应商的具体情况是不了解的。为什么供应商的单价上涨了？她需要找负责相应原材料采购的同事了解；找到原因之后怎么办？她同样需要找负责原材料采购的同事一起商量，因为后续可能需要更换供应商，也有可能要与供应商重新谈判。所以这个时候供应商的数量就变成一个非常关键的参数，因为平均来看每优化一家供应商的采购合同所能够带来的成本节约是不一样的。

将每种原材料采购成本的增加值占总成本增加值的比例除以对应的供应商数量（货源），我们就得到了平均每家供应商的成本优化潜力（用总成本增加值的占比显示）（见图 3-3）。这时候我们终于得到了真正的优先级排序结果。很明显，排名再次发生了变化。传感器位列第一，而且也是 6 项原材料中唯一贡献比例超过 10% 的，应该列为第一优先级投入时间和精力；而刚才排在第 3 名的天然橡胶重要性上升，这主要是因为单价涨幅高，而且供应商的数量只有两家。

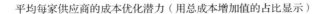

平均每家供应商的成本优化潜力（用总成本增加值的占比显示）

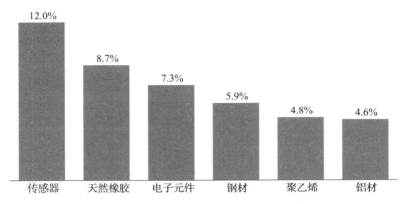

图 3-3   平均每家供应商的成本优化潜力

从关注单价涨幅，到关注每种材料对总成本上升的贡献，最后到关注每一家供应商的成本优化潜力，我们看待问题的视角其实在悄然发生着变化。起初我们关注的是涨幅问题，因为单价涨幅最贴合问题的背景，也最容易吸引我们的注意力；接着我们关注的是原因，到底哪一种材料才是罪魁祸首，我们需要通过分析找到答案；而最后我们关注的是解决方案，因为无论哪一种材料，最终都需要进行成本优化，这必然需要得到采购团队的大力支持。而对负责具体采购的同事们来讲，由于他们看不到事情的全貌，所以可能并不知道所有原材料都在涨价，也不知道公司面临着什么样的成本压力。用供应商的数量作为优先级排序的投入，实际上是把李丽的时间和精力，以及负责原材料采购同事的时间和精力都考虑进去了，是站在了更高的维度去分配资源、解决问题。

　　从这个案例我们也能够看出，优先级排序并不要求十分精确，有大致的估算结果、能合理地分配资源就可以了。实际上将供应商的数量（货源）作为优先级排序的投入隐含了两个假设，那就是"每种原材料的采购量基本都是几家供应商平分"和"讨论和准备针对每一家供应商的优化谈判策略的时间基本相同"。对于前者，我们只需要花费少许时间对比一下每种原材料在几家供应商中的采购量就可以了，看在不在同一个数量级，如果有采购量明显比其他供应商少的，就进行剔除，否则使用平均值就够了；而对于后者，完全可以快速估算。

　　这就是好的问题解决者应该具备的素养。我们不应该仅仅考虑个人的任务，而是要把个人的任务放到整个问题的大背景中，站得更高，想得也更远。

3.3　复杂问题的优先级排序

　　个人任务的优先级排序难在找到合适的投入和产出衡量标准，那么复杂问题的优先级排序难在哪里呢？让我们来看另外一个案例。

案例背景

　　张建在一家从事办公软件开发的公司工作，他负责的团队上个月成功推出了一款全新的功能插件，能够大幅提高数据分析的效率。为了更好地推广这款产品，张建的团队酝酿了一系列举措，包括在上海举办一场盛大的产品发布会、拍摄一部精彩的产品宣传片、在专业媒体公众号上刊登广告以及邀请重要客户成员出席交流活动。张建算了算账，这几项活动加起来最多可以花 100 万元，他需要决定这些活动资源该如何分配。每项活动的具体安排如下。

　　产品发布会：为了保障效果，张建不仅邀请了公司现有的 50 多家客户，还聘用了一家专业的第三方机构来邀请客户和举办活动，合作方提供了详细的合作报价，具体如下。

收费项目	详细报价
基础收费（含邀请客户的服务费和场地费）	按照预计活动规模收取费用 ✓ 200 人 12 万元，800 人 15 万元，2000 人 20 万元，3000 人 25 万元，4000 人 35 万元，5000 人 45 万元，6000 人 70 万元（张建邀请的 50 多家客户不计入此项收费） ✓ 实际活动人数上下浮动 10% 费用不变
高端嘉宾额外收费	实际到场的客户中，总监及以上职位占比达到 30%（张建邀请的 50 多家客户不计入此项收费），加收 10% 的基础收费
同步直播额外收费	每场 6 万元

产品宣传片：目前共有 3 家广告公司可供选择，其中两家的实力处在中游，另外一家则是顶尖的广告公司。能力方面，两家中游的广告公司拍摄的广告比较杂，最近的广告作品主要集中在消费品领域；而那家顶尖的广告公司可以请到专门聚焦于软件和互联网领域的设计师。价格方面，两家中游的广告公司差别不大，分别报价 12 万元和 14 万元；而那家顶尖的广告公司则报价 25 万元。

　　媒体广告：只有一家媒体符合要求，需要考虑的是到底登在公众号的什么位置。含大图预览的头条报价 10 万元，含小图预览的次条报价 7 万元，需要点击公众号更新页面中"余下 x 篇"才能看到的"隐藏次条"报价 5 万元。

　　交流活动：公司下个季度即将举办一次含金量非常高的行业闭门峰会，邀请了世界知名的顶尖专家到场交流。这场活动为期两天，提供住宿，但客户成员全部免费参加。为了不浪费名额，公司要求发出邀请的团队需为每位客户成员支付 1.5 万元的内部结算费用。

　　显然根据现有的资源，我们不可能所有的活动都选报价最高的档次。这个时候我们要如何进行优先级排序呢？

　　对于上一节的个人任务，我们发现问题的难点在于如何衡量投入；而对于这个复杂问题，我们发现问题的难点变成了如何衡量产出。因为此时的投入非常好衡量，就是花多少钱。

　　从性质来说，这四件事实际上可以分为三类：品牌营销、市场推广、客户福利。

　　产品宣传片属于品牌营销。因为无论花多少钱，最终的销售都要由人来完成，面向企业用户的广告是很难直接产生销售额的。这时候我们重点考虑的是哪种广告更符合企业的形象，更能反映产品的基调和特色，关注点主要落在企业本身和推出的产品上。因为一部好的宣传片可以用在很多场合，也可以使用较长时间，所以虽然事情发生在当下，但这笔支出实际上不是一次性的，而是对产品的一种长期投资。

　　产品发布会和媒体广告则属于市场推广，主要目的是与潜在客户形成互动，一方面让潜在客户了解产品，另一方面也帮助我们辨别谁是真正的客户。这时候我们重点考虑的就是如何花最少的钱获得最多、最靠谱的潜在客户的关注，从而更有效地促进销售。所以这时候我们需要考虑的因素就会更多、更复杂，也就涉及了具体的合作条件。

　　我们先看产品发布会。应该选择哪一档活动规模呢？

　　如果将基础收费作为横坐标，活动规模作为纵坐标，我们就可以得到如图3-4所示的关系图。很明显，虽然投入的

费用越多活动的规模就越大，但是两者之间并不是一种线性
关系，而是随着规模的扩大，每增加一个人所需要花的钱增
多了，直观感受就是这条曲线变得越来越平缓，规模扩大变
得越来越"费劲"了。

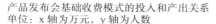

产品发布会基础收费模式的投入和产出关系
单位：x 轴为万元，y 轴为人数

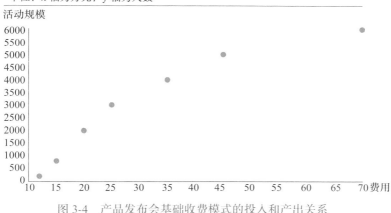

图 3-4　产品发布会基础收费模式的投入和产出关系

　　这里体现的其实就是经济学的一个基本原理，叫作边际
效用递减。所谓边际，就是增量；而边际效用，就是增量带
来的增量。比如我们正在考虑一笔投资，每投入 100 元，一
年后就能获得 120 元，这就是当前的基准状态。如果在这
100 元投入的基础上再追加 20 元，总投入达到 120 元，一年
后就能获得 122 元，这就是追加投入以后的状态。对比前后
的差额，追加投入的 20 元就是这里的"边际"投入，而这
20 元追加投入所带来的增加的产出是 2 元钱，也就是这里的
"边际效用"。所谓边际效用递减，指的是当我们不断增加一

种资源的投入时，每追加等额的新增投入，所能得到的新增收益是在逐渐降低的。

边际效用递减作为基本的经济学原理，不仅在可以充分量化的场合能够得以体现，在消费心理层面也是一样的。比如当你极度口渴的时候想要喝水，喝下的第一杯水是让你感到最畅快、最解渴的。但随着口渴程度降低，你对下一杯水的期待值也在不断降低，甚至喝到完全不渴的时候，你再喝水就变得痛苦了。同样的，人们常说的"80/20 法则"（或二八法则，即最重要的 20% 因素带来了 80% 的影响）也是相同的道理。我们在解决问题的时候，总是希望能够抓住那最重要的 20%，而不是不计成本地投入时间和精力。

事实上，优先级排序能力对麦肯锡顾问极为重要，以至于不擅长抓大放小、不懂得"80/20 法则"会成为一个人明显的短板，大概率会影响他在公司的口碑，极端情况下连项目都找不到。对于这种情况，麦肯锡内部有一个形象的比喻，叫作"boil the ocean"，也就是"把大海煮沸"。这代表着什么，我想就不用多说了吧。

回到我们刚刚的案例。

如果从 800 人的市场活动开始，将对比上一档活动费用的增量除以对比上一档参会人数的增量，我们就会发现边际效用在 3000 人以上时出现了断崖式的下跌。从基础收费上也能看出，在前面几档，每档之间只差 3 万元或 5 万元，而当人数从 3000 人增加到 4000 人时，费用一下子涨了 10 万元，涨幅达到 40%，变化十分显著。这实际上反映了合作方的情况，因为当人数上升到某个值的时候，合作方可能就需要更换更大的场地，也有可能需要外包。

因此，在基础收费上优先级排序的结果是首选 3000 人的活动，费用为 25 万元。同时我们可以配套网络直播，花更少的钱，把那些线下活动成本太高的或者不方便来的客户也邀请进来作为补充。至于是否选择邀请更高职位的客户，就取决于邀请不同级别客户的销售转化情况，这需要参考合作方过往的数据。不过一般来说，市场活动能请到什么级别的客户参加，更多取决于活动的主题、形式以及主办方的品牌号召力，邀请的时候也不能强求。

产品发布会讨论完之后，我们来看媒体广告。应该选择什么位置呢？

有了分析产品发布会的经验，相信大家不难看出：在媒体广告方面，现在我们只有投入数据，没有产出数据。那应该怎么办呢？

一个简单易行的办法就是统计过去一段时间头条、次条和"隐藏次条"点击展开文章的平均阅读量。结果发现，头条的平均阅读量为 12 万，次条平均为 7 万，而"隐藏次条"平均为 1 万。结合三者的报价（头条 10 万元，次条 7 万元，"隐藏次条" 5 万元），头条的优势十分显著。

到这里，前面三件分别属于品牌营销和市场推广的事就都讨论完了，接下来我们看最后一件事——交流活动。从阶段上划分，前面三件事都属于售前环节，而交流活动作为客户福利，一般属于售后环节，主要目的是提高现有客户的黏性，体现公司的附加价值和合作诚意。当然在张建这个案例里，我们也可以把它当作吸引新客户的一种手段，比如购买了一定金额的新功能插件便免费获得一个活动席位，先到先得。

从这个案例中我们不难发现，在复杂的问题上，我们首先需要保持清醒的头脑，仔细分析每项举措、每个动作的目的、类型和时机，先把同类别的事项汇总在一起，再分门别类进行考量。而对于同一个类别的事项，我们在投入资源时需要通盘考虑，以实现整体上的投入产出比最大。为了实现这一点，我们在投入资源的时候就要重点关注边际效用，了解新增投入所能带来的新增产出是多少，充分做到"抓大放小"，把握最关键的 20%，解决 80% 的问题。

这时有的朋友可能会说：就张建这个案例，我们关心的其实不是产品发布会有多少人来，或者媒体广告有多少人看，我们真正在乎的是有多少企业会购买他们的产品，所以我们应该把产品发布会和媒体广告的客户转化率也考虑进去，计算出真正的获客成本，这样才是更严谨的排序依据。

首先，如果这样去计算，我们就需要产品发布会和媒体广告的比较准确的客户转化率，而这对于一个新推出的产品来说是不太现实的。客户转化率往往是一系列活动之后的检验性指标，而非分配资源的前瞻性指标，市场活动办得好坏、产品特色是否突出，这些都会影响最终的客户转化率。而且正如上一小节所强调的，优先级排序原本追求的就不是严谨，而是一种策略的概念性判断，后续我们在推进具体工作的时候，还有很多机会可以继续优化。

其次，参加产品发布会的人和阅读媒体广告的人存在一定的重合度，有的人既参加了活动，也阅读了文章，而最后却只转化一单。所以，我们需要将两件事合并在一起才能得到真实的获客成本。比如产品发布会和媒体广告最终产生了约 100 个最终客户，那么我们在每个客户身上就大约投入了4100 元（产品发布会基础收费 25 万元 + 同步直播额外收费 6万元 + 公众号头条 10 万元 = 总投入 41 万元）。

3.4　与解决问题的前两步结合起来

前面两个小节我们讨论了单独应用优先级排序的几种场景，接下来让我们把解决问题方法论的前 3 个步骤结合起来，看看又会是什么样子。

案例背景

　　E公司是一家专门从事知识付费和技能培训的企业，过去聚焦的领域是软件编程、PPT/Excel高阶应用和大数据建模等职场专业技能的培训，教学形式全部是用录制好的课程线上授课。从去年开始，E公司逐渐向更多的主题和领域拓展，其中就包括各类专业资格证书的培训课程，例如法考（国家统一法律职业资格考试）、CPA（注册会计师）考试和CFA（特许金融分析师）考试等。由于E公司内部并不具备专业能力，所以商业模式都是和外部专家签约，由外部专家线上授课，E公司完成课程制作与招生，最后双方分成。其中负责CPA课程的是一支5人的小团队，他们在去年年底和一批专业老师签约，紧锣密鼓地完成了课程制作，并且在今年年初将课程推向了市场。值得一提的是，为了和市场上已有的产品竞争，他们挑选的老师普遍比较年轻，也都是自媒体的重度用户，而且讲起课来幽默风趣、浅显易懂，所以课程具有一定的特色。然而第一季度很快过去了，课程的销售状况却不容乐观。考虑到今年的CPA考试在8月份，管理层研究之后决定再给这个团队3个月的时间，如果到6月底不能给公司带来200万元的新增收入，公司就准备下架该课程，团队也会被裁撤。另外关于市场环境、课程情况和合作师资的补充信息如下：

市场环境：需求方面，CPA培训是一个规模十分可观的细分市场。据统计，2020～2022年全国CPA报考人数约为120万～180万人。由于考试难度较高，单科通过率仅20%左右，所以对大部分考生来说，课程培训几乎是一个刚性需求。供给方面，国内提供CPA备考课程的机构众多，其中相对知名的有大约10家，但占据的市场份额都不高，还没有出现一家明显领先的局面。

课程情况：形式方面，目前有录制好的线上课程和线下课程两种形式。价格方面，线上课程一般不超过5000元，线下课程一般在10 000元左右，高端一对一课程可达到数万元。特色方面，有的机构主打名师，有的机构主打题库，有的机构主打授课风格，有的机构主打线下覆盖，但各个培训机构学员的考试通过率实际上差异不大。

合作师资：与E公司合作的几位老师都是用更高的分成比例从其他培训机构挖过来的（行业内老师一般拿20%左右，而E公司给出了25%的优厚条件），他们都有超过10年的培训经验，在名气上属于第二梯队的佼佼者。

如果正在阅读这本书的你就是这支团队的成员，你会如何解决这个问题呢？首先就让我们尝试用第 1 章学习过的问题定义表来定义一下要解决的问题吧！大家把自己的想法都填写在下面表 3-1 的空白处吧！

表 3-1   E 公司知识付费案例问题定义表练习

问题定义：
• 用一句符合 SMART 原则的话把要解决的问题描述清楚

问题背景：
• 这个问题是由谁提出来的？他为什么会提出这个问题？

• 我们现在所处的环境是什么样的？

• 以上的情况大家是否全部知情，还是有信息差？

成功标准：
• 这件事做到什么程度才算成功？有哪些条件要满足？

• 除了明确约定的标准以外，是否还有其他默认的、隐含的标准需要满足？

限制条件：
• 解决方案有哪些范围上的限定，比如地域、渠道、客户群体、合作方等？

• 需要考虑哪些资源和外部因素的限制，比如预算、人力和合规要求？

决策人：
• 解决方案是否可以执行，谁来最终决策（既可以是一个人，也可以是一个团体）？

• 决策人是什么身份？他的职责是什么？

（续）

相关意见方:

• 这件事的解决方案在提交决策人拍板前，需要先征求哪些人的意见？

• 这些人是什么身份？他们的职责又是什么？

　　这里我们重点探讨几个可能让大家比较纠结的地方。首先来看问题定义。

　　很明显，SMART 原则中的"具体的""可衡量的"和"有时效性的"很好满足，管理层已经明确要求他们在 3 个月内给公司带来 200 万元的新增收入。但是"可执行的"和"有相关性的"这两个要求应该如何应对呢？

　　对于前者，我们现在并不知道到底是什么原因导致销售不尽如人意，所以很难给出可靠的假设，只能暂时将各种潜在的解决方案（例如调整价格、增加渠道等）统称为优化经营策略。对于后者，我们则需要特别小心。管理层虽然给出了具体的评判指标，但是他们真正关心的是在 CPA 培训这个细分市场上是不是应该坚持做下去。所以，最终的结果必须给管理层足够的信心，让管理层相信团队是可以做好这个细分市场的，这件事是长期可持续的。所以，实际上团队面临的问题并没有管理层口头上说的"给公司带来 200 万元新增收入"那么简单，我们不能完全按照字面意思来定义问题。举个例子来说，通过不断砸钱做推广来吸引考生买课，但是服务却没做好，最后新增收入倒是达到 200 万元了，但是广告投入一停，销售量立马就下滑了，这样同样过不了关。所以在成功标准里，我们还需要追加几条关键的隐性标准。

接下来是限制条件。这里最关键的问题是要不要考虑开放线下课程。

就达到 200 万元新增收入这个目标而言，开放线下课程肯定是有利的。但是放到这个问题的大背景下，我认为把范围限定在线上课程恐怕更为稳妥。因为公司所有的培训课程都是线上教学，管理层判断一门考试培训能不能继续干下去，大概率看的也是该门考试线上课程的销售业绩。作为一个业绩惨淡的团队，这时候我们想的不是尽最大努力做好主业，把线上课程的业务带回正轨，反而分散精力跑去线下开辟新的战场，多少会让人感到有些不合时宜。

最后是相关意见方。

一般来说相关意见方都是来自企业内部的领导和同事。但在这个案例里，我们签约的几位外部专家同样是我们的相关意见方。因为不管是调整价格，还是增加渠道，我们都需要外部专家的配合，而且他们自身的行业经验也是宝贵的财富。必须把他们也充分调动起来，这样才能更高效地解决问题。于是，我们便可以得到这样一张问题定义表（见表 3-2）。

表 3-2　E 公司知识付费案例问题定义表

问题定义：
• 用一句符合 SMART 原则的话把要解决的问题描述清楚 在 3 个月内通过一系列优化经营策略为公司带来最少 200 万元分成后的新增收入。

（续）

问题背景：

• 这个问题是由谁提出来的？他为什么会提出这个问题？

问题由管理层提出，因为我们的产品销售不及预期，管理层怀疑我们公司是否适合做 CPA 培训这个赛道，或者这个赛道是不是还有机会。

• 我们现在所处的环境是什么样的？

每年备考人数超过 100 万人，培训对于大部分考生都是强需求，市场体量很大；而竞争对手的市场份额则非常分散，虽产品各具特色，但上课效果实际上差异不大。

• 以上的情况大家是否全部知情，还是有信息差？

全部知情。

成功标准：

• 这件事做到什么程度才算成功？有哪些条件要满足？

时间不超过 3 个月，公司在与外部专家分成后的新增收入最少达到 200 万元。

• 除了明确约定的标准以外，是否还有其他默认的、隐含的标准需要满足？

售后的学员退课率和投诉率不超过公司规定的标准；

完成了前期的市场推广后，销售额能够依靠口碑稳步提升；

年末公布考试成绩后，学员的整体通过率不落后于行业正常水平。

限制条件：

• 解决方案有哪些范围上的限定，比如地域、渠道、客户群体、合作方等？

产品范围限定在录制好的线上课程，其他没有限制（甚至可以更换签约专家）。

• 需要考虑哪些资源和外部因素的限制，比如预算、人力和合规要求？

市场推广费用不突破团队预算。

决策人：

• 解决方案是否可以执行，谁来最终决策（既可以是一个人，也可以是一个团体）？

公司管理层。

• 决策人是什么身份？他的职责是什么？

相当于我们产品的投资人，职责是确保可观的投资回报，并且维护公司的品牌形象。

（续）

相关意见方：
- 这件事的解决方案在提交决策人拍板前，需要先征求哪些人的意见？
签约的外部专家、公司内部的支持性职能部门有关人员。

- 这些人是什么身份？他们的职责又是什么？
签约的外部专家：既有专业能力又有"野心"的专家，负责生产内容。
公司内部的支持性职能部门有关人员：确保公司资源的有效利用，确保公司的运营合法合规。

完成了第一步"问题定义"，接下来就请大家运用在第 2 章学过的内容，来帮助这个产品团队在图 3-5 中完成议题树的拆解吧！再提醒一次，大家切记要先独立思考哦！

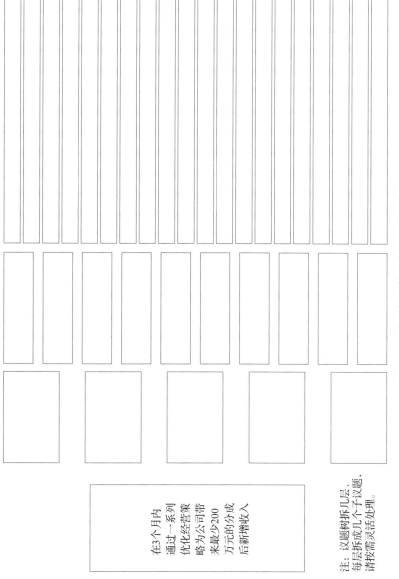

图 3-5　E 公司知识付费案例议题树练习

在3个月内
通过一系列
优化经营策
略为公司带
来最少200
万元的分成
后新增收入

注：议题树拆几层，
每层拆成几个子议题，
请按需灵活处理。

　　无论从流程入手还是从相关方入手，议题树的第一层都可以拆解成产品优化、渠道优化和价格优化这三个方面。也就是说，我们不仅要有过硬的产品，还要让客户看到、下单，而且价格要合理，甚至要吸引人。三个条件缺一不可。

　　在产品方面，我们除了可以优化产品的使用体验以外，还可以就内容进行更新迭代，尤其是可以增加面向学员的答疑功能。线上学习经常被诟病的一个问题就是缺少来自伙伴的鼓励和大家一起奋斗的学习氛围，答疑可以很好地弥补这一点。当然，这必然需要与几位签约的专家协商。值得特别强调的是，我们之所以在议题树的拆解中特地把产品单独拿了出来，是因为问题定义中要求了"售后的学员退课率和投诉率不超过公司规定的标准"。作为一个新产品，CPA 课程本身也存在一个打磨的过程，我们也不希望做出一个糟糕的产品毁了公司的品牌。

　　在渠道方面，由于案例中只谈到 E 公司与外部专家的分成，所以我们可以默认过去一个季度只存在直销这一种模式。因此我们不仅可以想办法提高现有直销模式的效率，也可以考虑拓展一些新的渠道，比如入驻电商平台、寻找课程代理、开通自媒体账号等。这些行动的目的都是在保持产品内容和价格不变的情况下，尽可能提升产品的销售量。而且值得强调的是，我们之所以在"新增渠道"里包含了"开通自媒体账号"，是因为与公司签约的外部专家本身也需要树立个人品牌，而他们凭借自己的能力又很难做好一个自媒体账号。公司开通自媒体账号不仅能够拓宽公司的获客渠道，直接带动课程的销售，不与其他第三方分成，而且外部专家大概率也乐意参与。正如案例背景中提到的，公司签约的外部专家都比较年轻，本身也是自媒体的重度用户，所以更能够理解其中的价值。

最后在价格方面，我们没有太多选择，只能考虑上调或者下调价格，看怎样可以提升最终的销售额。

根据以上的分析，我们就得到了下面这样一份符合MECE原则的议题树（仅供参考）(见图 3-6)。

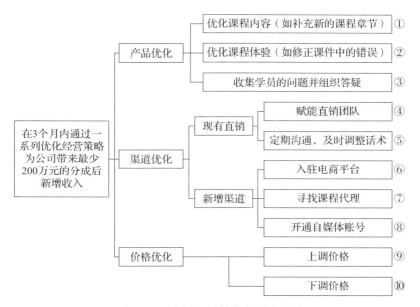

图 3-6   E 公司知识付费案例议题树

完成了第二步拆解问题，接下来终于来到了我们在这一章学习的内容——优先级排序。

经过前面的两个步骤，我们已经得到了 10 项有望在 3 个月内实现目标的具体举措，分别用数字在图 3-6 的议题树中标注了出来。这 10 项举措就是我们接下来要进行优先级排序的内容。

就像我们在前面讲过的一样，遇到复杂问题的优先级排序，首先我们要做的就是对具体的举措进行分类。

大体来看，这 10 项举措可以分为 3 类。第一类是一次性的工作，包括⑦、⑨和⑩。这些工作完成之后几乎不需要日常维护，所以不会在未来 3 个月占用我们太多的人力。第二类是轻运营的工作，包括①、②、③、④和⑤，这些工作都是辅助性的，要么是收集信息给外部专家来补录新的课程内容，要么是反馈问题请技术部门解决，要么是和直销团队开会，不仅发生的频次较低，而且我们的作用也主要是沟通协调。第三类是重运营的工作，包括⑥和⑧。这两项工作每天都需要投入人力，每天都有大量的工作需要完成，在电商平台上我们要担当店小二的角色，运营自媒体账号时我们要协助外部专家完成视频拍摄和剪辑。

对于一次性的工作，我们可以充分借助几位外部专家的经验、专业能力与人脉，集全员之力尽早完成。尤其是产品的价格要不要调整，我们必须放在第一位考虑，因为它是后面所有事情的前提条件。对于轻运营的工作，因为每一项都很有意义，而工作负担又不重，我们可以在后续工作中灵活调配。而对于重运营的工作，我们就必须充分考虑各项举措的投入和产出了。

这两项工作的投入很好计算，就是日常所需要的人力。那么，产出应该如何计算呢？

最有效的衡量指标就是 E 公司每天通过电商平台和自媒体账号所获得的分成后销售额。需要注意的是，电商平台的销售还要考虑电商平台的分成。假设每个电商平台的网店最少需要 1 个人负责运营，而平均每天每个网店可以销售 100 套课程，电商平台的分成为 20%，那么投入 1 个人到电商平台的平均产出就是每天 60 套课程（100 套课程减去 25% 的专家分成，再减去 20% 的电商平台分成）。

假设自媒体账号最少需要两个人负责视频的策划、拍摄和剪辑，在此基础上每个自媒体平台额外需要一个人负责运营，而平均每天每个自媒体账号可以销售 200 套课程，那么投入 3 个人、开 1 个自媒体账号的平均产出就是每天 150 套课程（200 套课程减去 25% 的专家分成），相当于每个人平均产出 50 套；投入 4 个人、开 2 个自媒体账号就是每天 300 套课程，相当于每个人平均产出 75 套；投入 5 个人、开 3 个自媒体账号就是每天 450 套课程，相当于每个人平均产出 90 套。

因此，在以上的假设之下，这个有 5 个人的小团队未来应该完全放弃电商平台，专注于自媒体账号。而且他们可以把账号做成公司品牌下的 CPA 专属频道，既给外部专家足够的舞台来展示自己，也不与其中的任何一位外部专家完全绑定。这样不仅保障了公司的利益，而且几位外部专家轮番出镜，增加的工作压力也不大。同时有些日常的轻运营的工作也可以很好地结合起来，比如面向学员的答疑就可以在自媒体账号上定期直播，可谓一举多得了。

通过上面知识付费的案例，我们把问题解决的前三步都走了一遍，相信大家也充分感受到了它们之间是环环相扣的。通过问题定义表，我们对团队所处的内外部环境进行了总结，将最关键的问题用符合 SMART 原则的一句话概括了出来，为第二步的拆解问题奠定了基础。而在拆解问题的过程中，我们实际上在不断回顾问题定义表中的各项内容，确保拆解出来的子议题不仅在形式上"不重不漏"，而且充分反映问题的背景和各方诉求，从而获得了有望解决问题的 10 项子议题，也为第三步的优先级排序提供了前提。最后在优先级排序上，我们通过举措分类和投入产出分析淘汰了一部分子议题，筛选出了我们要实际执行的最终举措。

当然，优先级排序同样与下一章的内容，即解决问题方法论的第四步"制订计划"紧密相连。优先级排序的输出同样为制订计划提供了输入，只有那些在优先级排序后保留下来的举措才会进入我们的视线，才会进入我们的工作计划表。

3.5　尾声

当年提出边际效用递减的经济学家们恐怕连做梦都想不到，如今在我们的日常生活中，将这个基本原理体现得淋漓尽致的竟然是网络游戏。

无论电脑端还是手机端，很多网络游戏都设计了角色的属性加点机制，最简单的就是提高攻击力和生命值。角色每升一级，系统就会奖励固定的若干属性点由玩家自由分配。刚开始的时候，几乎所有人都会选择全加攻击力，因为需要提高杀怪的效率，这样才能快速升级，玩得才更畅快。但是当攻击力加到一定程度的时候，你会发现继续加攻击力几乎看不到效果了。这是为什么呢？

原来，随着游戏角色的升级，我们面对的怪物也在变强。原先那些比较弱小的怪物对我们的生命没有威胁，只需要快速击败它们就可以了。但是到了后面，怪物越来越厉害，没等我们击杀对手，自己的生命值就先被打光了。所以这时候更明智的做法是不再增加攻击力，而是增加生命值，因为成功的大前提是我们先活下去。

这就是为什么在这一章里，我没有长篇大论地讲解方法和理论，而是围绕着投入与产出比这个关键点和大家探讨案例。因为资源效用最大化实际上是我们的一种本能，所以优先级排序凭借的也是我们的生活常识，加上一点点工作智慧。

那么，又是什么原因导致大家在游戏里自然而然地就会合理分配资源，而到了工作中却常常忘记优先级排序呢？我想，这大概是因为大家常常以为自己有着无限的精力和能量，并没有意识到我们的资源其实是有限的。就像《当幸福来敲门》中的男主角克里斯，他从小在数学方面就有很高的天赋，无师自通就能在几分钟内还原一只魔方。然而，即便聪明如克里斯，刚开始的两个月也没有想到，就算自己不喝水、不上厕所、不放下电话，却连一张名单上的电话都没有打完，一笔交易都没有达成，更别说还要时不时被各种各样的杂活儿打断了。

所以说，承认自己的时间、精力和资源是有限的，也是一种重要的工作智慧。因为职场不是学校，我们往往只有一次机会。

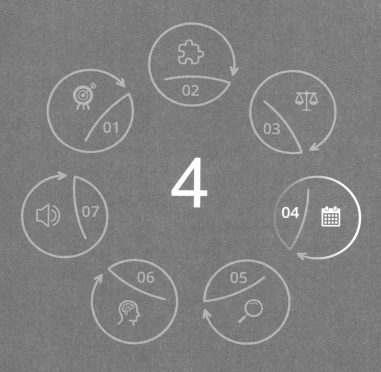

4

制订计划

——我们如何保障最终产出

凡谋之道，周密为宝。

——《六韬》

4.1 缺少计划能有多糟糕

无论在工作中还是在生活中，我们常常能够看到风格迥异的两种人：一种人永远保持着开放的心态，喜欢尝试新鲜事物，接受新挑战，当遇到问题时，他们常常不做过多计划，而是依靠自己敏锐的直觉和具有创造性的灵感来潇洒应对；而另一种人则有着强大的执行力，喜欢设定目标并为之不断努力，当遇到问题时，他们常常提前安排、预先准备，凭借周密的计划一步一步达成目标。

电影《史密斯夫妇》中由布拉德·皮特扮演的男主角约翰和由安吉丽娜·朱莉扮演的女主角简就是一对这样的组合。表面上看他们是一对让人羡慕的寻常夫妇，但实际上他们却是分属两个不同组织的顶尖杀手，共同生活了很多年都不知道对方的真实身份。潇洒率性的约翰从来不做任何计划，完成任务凭借的是自己高超的技巧和敏锐的本能；而沉着冷静的简每次接到任务都会详细地布置和准备，把所有不确定性都考虑在内，不允许有一丝差错。两人的行事风格自然也决定了各自的打法：约翰一直以来都是一个人行动，而简则有一个紧密合作的团队。可以想象，如果简也像约翰一样经常靠自己的灵感和直觉来执行任务，那她的同伴们恐怕每天都要崩溃了。

不过并不是每一个人都能像简的团队那么幸运，在另一个故事里就有这么一群可怜的家伙，每天都要面对一位拥有无限创意、同时"想一出是一出"的老板。

在电影《实习生》里，由安妮·海瑟薇扮演的初创公司年轻 CEO 朱尔斯，每天忙碌到需要骑自行车在办公室里赶一个又一个会议。倒不是因为公司缺人手，事实上这家从事时尚购物的互联网公司发展极快，9 个月就达成了原先的 5 年发展目标，团队规模也早就超过百人。但是朱尔斯着实不是一个擅长计划和管理的 CEO，她的日程安排从来不作数，助理也经常被她各种毫无征兆的"迷惑行为"搞得无所适从。比如她可以突然跑到客服团队接起了客户投诉电话，不顾公司规定把自己的私人手机号给了对方，还把原本的会议安排全部晾在一边；比如她要一遍又一遍重新修改网站的广告设计，完全不顾早就过了定稿时间，还让另外两拨人在会议室里等待她的指示；比如她参加所有的会议都迟到一小时，大家都把这当成了习惯，称之为"朱尔斯标准时间"。公司发展太快了，技术人员每天熬夜到两三点，客服人员有接不完的电话，发货和网站程序有一大堆问题要解决，却还要在如此高强度的工作环境下配合朱尔斯的做事风格，所有人都苦不堪言。

结果怎么样呢？

没过多久，这家初创公司的投资方就建议朱尔斯面试新的 CEO，由一名更富有经验的领导者来接替她的位置，朱尔斯则专注于创意相关的工作。年轻的朱尔斯当然难以接受投资方的要求，当即流下了委屈的泪水。她从来没有想过，自己曾经引以为傲的行事风格会成为公司发展的阻碍；想不到自己创下如此骄人的战果，却依旧得不到投资方百分之百的信任；更想不到自己倾注了无数心血的事业，有一天竟然要拱手让给别人。

那一刻，朱尔斯的内心是多么痛啊！

4.2　影响一生的习惯

如果说有什么习惯陪伴了我自少年以来的几十年，那一定就是华罗庚的时间统筹法，直到现在我都记得当初那个简单得不能再简单的例子。

假如我们要喝茶，炉子烧着火，茶叶在一旁，但是没有开水，茶壶和茶杯都要洗，应该先干什么、后干什么呢？一个办法是先烧水，等水开的这段时间，把茶壶和茶杯都洗好，然后水开了泡茶喝；另一个办法是先洗茶壶和茶杯，然后开始烧水，等水开了泡茶喝。哪个办法更好呢？显然是第一个更好，因为第一个办法更合理地安排了工序，充分利用了烧水的这段时间洗茶壶和茶杯，同时推进了两件事，效率更高，用的时间也更少。

这个例子让少年时期的我无比惊叹，生活中的小事竟然蕴含着如此巧妙的智慧，也让时间统筹法成为我后来几十年生活和工作的习惯。直到今天，在做家务的时候，我依然会先把水烧起来，让洗衣机先转起来，然后再去厨房做饭或者扫地拖地。

来到麦肯锡之后，我发现这正是咨询顾问们应对日常多线任务的工作方法，而且我很快就见到了一位把它用到极致的同事 Jason。

虽然那时候 Jason 加入麦肯锡的时间并不长，但很快他就以超强的工作能力和超高的工作效率在公司里出了名，不到两年就成为公司里人尽皆知的"明星顾问"。他本人是医学博士出身，所以永远有好几个医疗领域的咨询项目在找他，工作日程总是排得满满当当。

Jason 到底有多厉害呢？就麦肯锡内部一般的工作效率而言，一名咨询顾问每天从零开始产出 5 页可以直接与客户交流的 PPT 是比较正常的。可不要小看了这 5 页 PPT，这背后可是要完成大量的材料收集、数据分析和电话访谈的，呈现在 PPT 上的只是咨询顾问完成分析后的结果，实际的工作量往往是呈现出来的数倍以上。而且麦肯锡内部对 PPT 的要求极为严格，哪怕有一点点逻辑不严谨、分析不全面、数据不充分的地方，都会被负责的项目经理或者合伙人揪出来，甚至文字大小和格式都不能有丝毫不符合公司标准的地方。

那么 Jason 一天的产出可以有多少呢？据我的观察，平均在 15 ～ 20 页。他看起来完全不是一个人在战斗，而是像一位在指挥着千军万马去战斗的将军。

每当 Jason 参与一个项目，他都会预定好后台同事提供支持的时间，比如负责 PPT 页面美化的同事每天帮他精修 10 页 PPT（是的你没看错，顶尖咨询公司都有类似的团队，这样咨询顾问们才能更专注于 PPT 的内容），负责行业研究与数据分析的同事每天帮他花费 4 小时收集数据，诸如此类。

每天一上班，Jason 都会先把所有需要的数据清单发给负责行业研究与数据分析的团队，请他们花几个小时帮自己收集材料。数据请求发出去以后，他会先在几张 A4 纸上手绘出展现这些数据和材料的形式，比如页面左边是三个从上到下依次排列的方框，里面图文并茂地展现了市场体量、用户类型和最新趋势三部分内容，而右面则是从中提炼出的核心观点，可能是对未来市场形势的初步研判，也可能是后续有待论证的解决方案，大体就像下图的样子（见图 4-1）。

画完这些图，实际上 PPT 的大体框架就形成了。然后，他会从中挑选出没有现成模板的复杂页面拍照发给 PPT 页面美化团队，请他们花几个小时做一个定制的模板出来，而自己后续把文字和图表填进去就可以了。

等这三件事情都做完，Jason 才开始干真正只有自己才能完成的工作。比如与客户高管进行会议沟通，比如电话访谈外部专家，比如建模分析海量数据等。

临近中午，行业研究与数据分析团队反馈了找到的数据，但可能有些资料他们也无能为力；PPT 页面美化团队也发来了做好的框架，大部分页面 Jason 可能很满意，但也有几页他觉得需要完善。于是午饭过后，他再次把上午的工作流程又重复了一遍，先和行业研究与数据分析团队沟通了替代方案，又向 PPT 页面美化团队提出了修改意见，然后再安心做自己的工作。如此周而复始，变成了一种条件反射一般的工作习惯。

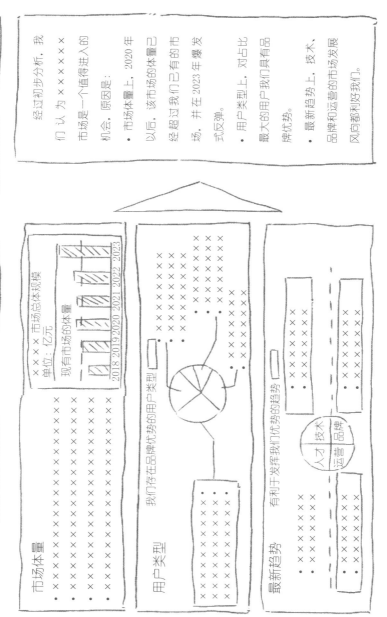

图 4-1　PPT 手绘草图示意

如果说泡茶的例子叠了 1 层时间统筹法的"buff"[⊖]，那 Jason 怕是叠了 3 层。怪不得他的工作效率是别人的 3 倍以上，后来他也成为麦肯锡大中华区最快晋升到合伙人的同事之一。

4.3　用工作计划表来用好你的资源

相信聪明的读者朋友们也发现了，Jason 在工作中运用的其实不仅仅有时间统筹法，还有一套能够让其他同事紧密配合的工作计划，这就是我们接下来要讲的工作计划表，也就是解决问题方法论第四步制订计划最核心的工具。

工作计划表的形式非常简单，是一个包含 6 列内容的表格，具体样貌如表 4-1 所示。和第 1 章填写问题定义表的过程类似，工作计划表第二列开始每一列标题下面的方框里都留下了一些颇具普遍意义的问题，方便使用者从左到右填写。特别需要注意的是，表格最左边的子议题正是经过上一章优先级排序之后被保留下来的高优先级子议题，所以工作计划表是和前面的步骤紧密联系在一起的。

从左到右阅读工作计划表中的问题就会发现，面对每一个子议题，我们都像在完成一道数学证明题一样，首先一定要设立证明对象，也就是对分析的结果、问题的结论或者最终的方案形成假设，然后再想办法证明或者证伪它们。比如以第 2 章第 6 小节中的"开拓新市场问题"为例，需要制订

⊖　buff：原意为增益，游戏圈用这个词表示用魔法或药剂来强化某一角色。

工作计划的子议题是"市场体量和增速如何?",我们不会一上来就直接从"信息来源"开始制订计划,而是要先想一想这个子议题到底想要说明什么。

表 4-1   工作计划表

子议题	结论假设	所需论据	信息来源	责任人和时间	成果形式
·经过优先级排序后被保留下来的位于议题树最右边、最末端的子议题 ·每个子议题单独占一行,单独制订计划	·针对这一项子议题,我们对最终的研究结论有什么样的假设,或者说最有可能的解决方案是什么?	·哪些定量分析的结果能够支撑或者证实我们的假设? ·哪些定性分析的结果能够支撑或者证实我们的假设?	·这些定量分析的数据从哪里来(如财务或生产团队)? ·这些定性分析的资料从哪里找(如行业报告或外部专家)?	·明确由谁来具体完成什么工作,约定好各自的分工 ·明确要在什么时间完成什么工作,约定好各自的时间期限	·最终的成果应该用什么样的形式呈现,包括具体的文件格式、图表类型、材料篇幅和其他补充要求

既然我们最终的问题是要决定是否进入一个新市场,市场体量和增速下方就不应该仅仅罗列一些数据,而是要给出支持或者反对进入新市场的论据。体量到底是大还是小?增速到底是快还是慢?这里的"大"和"小"、"快"和"慢"是和谁比较的?这个比较标准是如何选出来的?这些都应该体现在我们的工作计划表中。从这个例子大家也能够看出,工作计划表实际上完全是由结论假设牵引的,右面的所有内容都围绕着这个证明对象展开,形成一条从左往右的逻辑链。

事实上结论假设和所需论据恐怕也是工作计划表中最具特色的两列,因为很多人的工作习惯是直接跳过这两步。但是这样就会导致做出来的工作计划表完全是一张任务清单,只有制订计划的人知道其中的逻辑,而其他配合的同事不知道。于是接到任务请求的同事就只能像个无情的投币机器一样，对方要什么，自己就给什么，如果对方要的自己没有，就直接卡住了。正因为在职场里我们都不是独行侠，所以我们才需要工作计划表体现出紧密的逻辑，而不是仅仅交出一张割裂的任务清单，结论假设和所需论据就是其中的关键，决定了我们是否能够真正用好身边的资源。

所以像 Jason 这样的麦肯锡咨询顾问在发送数据请求的时候，也都会在邮件里先说明自己想要证明什么观点，或者支撑什么结论，然后再把数据清单发给对方。这样有时候即便没有咨询顾问们想要的数据，或者有其他更好的数据来源，负责行业研究与数据分析的同事就可以根据他们的经验予以替代，工作效率自然而然就提高了。

工作计划表里另外一个值得特别强调的是"成果形式"，这也是很多人在工作中常常会忽略的地方。在麦肯锡内部流传着这样一句话：最好的工作计划表是让所有支持你的同事做填空题。请注意，是"填空题"。那么麦肯锡的咨询顾问们是怎么做的呢？就拿项目经理来说，优秀的项目经理会在分配任务时准备一份"骨架式"的 PPT 文档，大家把它叫作"dummy page"，由接受任务的同事们往里面填充"血肉"。这份"骨架式"的 PPT 文档会长什么样子呢？会有每一页的完整标题、每一页的页面设计，甚至会具体到每张图到底是饼状图、柱状图、瀑布图还是散点图。

正是因为有这样"保姆级"的引导，咨询顾问们才能更高效地专注在最能创造价值的分析工作上，最终交付的成果也很少出现意外。毕竟在一个按天来跟进工作成果的团队里，返工对大家来说都是巨大的灾难。当然，在填充"血肉"的过程中，团队也会及时进行交流，时刻保持分析内容和最终形式上的同频。

4.4　用甘特图作为补充

　　工作计划表虽然能清晰地展现出每个子议题后续工作计划的分析和论证逻辑，但是不能一目了然地呈现各项任务随着时间推移的推进过程，所以我们常常需要使用其他的工具来作为补充。当问题相对比较简单，子议题的数量也比较少的时候，我们可以直接使用日历。如果情况比较复杂，甘特图就是更好的选择（见图 4-2）。

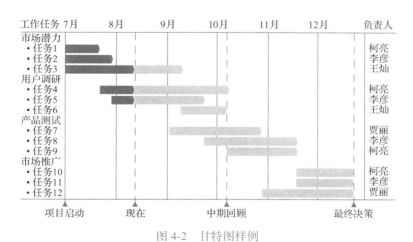

图 4-2　甘特图样例

　　从左往右看，甘特图可以分为三个部分：最左边是工作任务，最右边是负责人，而中间占据最大篇幅的是以月为单位分割的时间轴，每一项工作任务的具体推进日程分别用深色和浅色的箭头显示。其中深色代表已经完成的部分，而浅色代表尚未完成的部分。另外在甘特图的最下方还有 4 个关键的时间节点被标注了出来，分别是"项目启动""现在""中期回顾"和"最终决策"。

甘特图最大的好处在于一目了然，每一项任务什么时候启动、由谁负责、什么时候拿出成果，都非常清楚。而且甘特图还真实地反映出团队在任一个时间点所需要的人力。仔细观察我们就会发现，从 7 月初项目启动到 12 月项目结束，大部分时间团队都在同步推进 3 件事，唯独 9 月初到中期回顾这段时间，团队需要同步推进 4 项任务。如果每项任务的工作都可以由一名同事来完成，那么除了 9 月初到中期回顾这段时间团队需要 4 个人以外，其他时间团队有 3 个人就够了。所以我们从"负责人"一栏可以看到，柯亮和李彦将从 7 月初一直干到 12 月底，各自要完成 4 项任务。而王灿在完成两项任务之后就不再参与后续的工作，因为贾丽在 9 月初加入团队以后，可以无缝衔接地负责任务 7 和任务 12。这样每个人的工作安排都很合理，既没有浪费资源，也没有把大家压得喘不过气来。

正是因为甘特图有着这些突出的优点，它才成了项目管理过程中不可或缺的工具。在麦肯锡，从最早期的沟通接洽，到最后的成果汇报，甘特图几乎贯穿了每一个咨询项目。在前期的项目立项和方案陈述环节，甘特图被用来展示项目的推进计划和所需资源；在中期的项目沟通和成果交流环节，甘特图被用来展示项目的实际进展和所需调整；在最终的方案汇报和行动建议环节，甘特图被用来展示建议的行动计划和推进节奏。

当然，考虑到实际需要，我们完全可以灵活设计自己的甘特图，比如把最右边的"负责人"改成"最终交付物"，比如不同类型的任务可以用不同颜色的箭头，这些都是很常见也很实用的做法。总之我们只要保留最左边的"工作任务"和中间的时间轴即可，最右边的内容和下方的内容则可以根据需要来修改，目的是尽可能包含更多有用的信息。

还没有尝试过甘特图的朋友们，赶快都用起来吧！

4.5　一起帮我们的"Tony 老师"制订计划

前面的小节我们已经介绍了很多关于制订计划的好方法，接下来就让我们一起操练操练。不过在接下来的案例里大家不会用到甘特图，而是直接用日历作为工作计划表的辅助工具。

案例背景

Tony 就职于一家从事美容美发行业的连锁品牌，在某市一家新开的理发店担任店长。他在这行已经干了好多年，过去凭着自己出众的理发技术业绩一直不错，也有稳定的客源。不过，虽然技术过硬，但他对门店的经营没什么经验。晕头转向地忙了 1 个多月，他发现门店的业绩并不理想，而且大部分收入来自他自己，其他理发师平常都没什么客人。这让他不禁着急起来。

Tony 的这家店开在了一个兼具商业、办公和居住的综合社区，每天来往的人流很大，各式各样的店铺也开得琳琅满目，按理说在选址上应该没什么差错。可是为什么业绩就是上不去呢？思考了半天，Tony 觉得眼下需要做四件事来改善理发店的经营，而且越快越好：

◎ 首先是要扩大经营的范围，之前这家店只提供美发服务，接下来要增加美容项目，让顾客有更多的消费选择；

◎ 其次是要搞降价促销，比如过去客户充值会员卡享受充值 3000 元送 300 元的优惠，那接下来的一段时间就可以改成充值 3000 元送 1000 元；

◎ 再次是要搞理发技能培训，其他理发师的技术不够扎实，必须花时间好好提升一下他们的能力；

◎ 最后是要裁掉一名助理，现在店里的客人并不多，助理们的工作量不饱和，减少一名助理能够降低门店的成本。

如果用一张表来展现 Tony 内心的工作计划表，那么就应该是这样的：

子议题	信息来源	责任人和时间	成果形式
增加美容项目	联系连锁品牌总部美容部门	Tony，明天	获得投入金额和前期准备需要的时间
降价促销	周边其他理发店的价目表	Tony，明天	新的会员卡优惠计划
理发技能培训	N/A	Tony，每两天1次	现场口头讲解
裁掉一名助理	助理工作记录表	Tony，明天	N/A

不过幸运的是，Tony 在总部有一位带了他多年的师傅。在展开行动之前，Tony 准备给师傅打个电话，听听师傅对于自己的计划有什么意见。

师傅

Tony

如果正在阅读这本书的各位朋友就是 Tony 的师傅，会对这份行动计划表有什么意见呢？不妨整理一下思路，来评价一下这份计划吧！

Tony 的行动计划表存在什么问题？

如果由各位来准备一份工作计划表，各位会怎么做呢？请大家把自己的想法填写在表 4-2 里面吧！

表 4-2　Tony 案例的工作计划表练习

子议题	结论假设	所需论据	信息来源	责任人和时间	成果形式

　　显然，Tony 的计划没有经过任何分析就直接得出了结论，连业绩为什么不令人满意都没有搞清楚，就直接上猛药。经验丰富的师傅当然察觉到了这一点，他马上建议 Tony：

- 在增加美容项目之前，你需要搞清楚这样做有没有用。附近人流的美容需求旺不旺？其他理发店都提供美容服务吗？周边有没有其他专门做美容的门店？人流怎么样？
- 在搞降价促销之前，你需要搞清楚降价有没有效果。周边其他理发店的价格是多少？顾客不愿意来是因为价格太高吗？尽管降价能够提升收入，但是对利润会造成什么样的影响？
- 在搞理发技能培训之前，你需要搞清楚其他理发师的技术到底怎么样。他们缺少客户是因为技术差吗？培训会不会让他们的自尊心受挫，导致他们更加没有心思在这里好好工作？
- 在裁掉一名助理之前，你需要确定门店后续的经营到底怎么搞。假如真的要增加美容项目，那店里的人手肯定就不够了，这时候裁人是不是急了一点？

　　师傅的几句话立刻点醒了 Tony，很快他就和师傅一起制订了一份更加合理的工作计划表，并且暂时把裁掉助理的事情搁置了。

　　针对第一项增加美容项目，Tony 意识到必须先对周边社区的人员构成有所了解，这样才能判断是否存在旺盛的需求。虽然自己所在的社区是一个综合性社区，经常有一些来逛街的人、来办事的人和随机散客，但 Tony 觉得还是把主要消费者确定为居住在周边小区的年轻女性比较稳妥。因为她们的需求更加稳定，更有可能成为回头客，也就能为门店带来稳定的收入。

相比专门做美容的门店，综合性的美容美发店有个很大的好处是节省时间。因为大家用的设备和耗材其实都差不多，女性消费者染发、烫发和护理的时间都很长，如果同时也能做美容就很方便。所以最理想情况就是：周边社区住着很多年轻女性，虽然她们有旺盛的需求，但是她们主要的消费场所集中在了综合性的美容美发店，反而不喜欢去专门做美容的地方，或者这附近根本就没有专门做美容的门店。而且从可行性的角度来看，增加美容项目的前期投入必须可接受，时间也要快，否则对 Tony 来说就失去了讨论的价值。

接着他们详细讨论了每一项任务如何搜集情报、所需要的人力、要耗费的时间以及需要的成果形式，最终关于增加美容项目的子议题就得到了下面这样一份工作计划表（见表 4-3）。

表 4-3　增加美容项目的工作计划表

子议题	结论假设	所需论据	信息来源	责任人和时间	成果形式
增加美容项目（子议题 1）	增加美容项目能够提高门店收入、改善门店盈利状况	周边小区的住户里年轻女性占比较高，存在旺盛需求	周边小区的物业	• 1 位同事 • 半天	• 周边小区的住户总人数 • 年轻女性的占比

（续）

子议题	结论假设	所需论据	信息来源	责任人和时间	成果形式
增加美容项目（子议题1）	增加美容项目能够提高门店收入、改善门店盈利状况	这个商圈里没有专门的美容门店，即使有，也经营不善	商圈巡查及门店蹲守计数	• 1位同事 • 2天/店	• 门店数量、位置 • 工作日和周末一天的平均客流
		其他理发店也提供美容服务，而且一站式服务颇受欢迎	门店蹲守计数	• 1位同事 • 2天/店	• 门店数量、位置 • 工作日和周末一天的平均客流
		增加美容项目的前期投入可接受，而且时间很快，普遍收益良好	连锁品牌总部美容部门	• Tony自己 • 1小时	• 前期投资额 • 推进时间表 • 连锁品牌美容业务平均盈利

　　针对第二项降价促销，师傅提醒 Tony，除了要关注周边其他理发店的价格以外，还要回顾一下过去一段时间门店的营业数据，看看收入是主要由散客贡献的，还是主要由会员贡献的。如果是前者，那么加大会员卡的优惠力度可能会起作用；如果是后者，这样做很可能适得其反，因为原本这些顾客也会长期在店里消费，这么快推出新的优惠活动，不仅顾客的感受不好，而且相当于把未来的收入打折挪到了现在，根本没有创造出额外的收入和利润。师傅的话让 Tony 对降价促销更加谨慎了。他马上也想到，这时候非常有必要联系一下总部负责运营的同事，看看其他门店之前有没有类似的情况，降价促销有没有成功的先例，这样他心里也更加有底。于是关于降价促销的子议题就得到了下面这样一份工作计划

表（见表 4-4）。

表 4-4　降价促销的工作计划表

子议题	结论假设	所需论据	信息来源	责任人和时间	成果形式
降价促销（子议题2）	通过加大会员卡充值的优惠力度能够提高门店收入、改善门店盈利状况	周边其他理发店的价格普遍比他们的低	商圈探店	• 1 位同事 • 半天	商圈其他理发店的价目表
		门店的客人以散客为主，没办卡的人居多	理发店的营业流水记录	• 店里的收银员 • 半天	散客和会员的消费额各自占营业额的比重
		其他门店过往降价促销的实际成效不错	连锁品牌总部运营部门	• Tony 自己 • 1 小时	其他门店降价促销前后的收入和利润变化

最后针对第三项理发技能培训，师傅认为技术可能不是其他理发师没有客户的主要原因。虽然 Tony 的技术很好，但是他和其他理发师的差距其实并不大，起码一般的客户很难看出来。之所以 Tony 当了这家新店的店长还能贡献大部分的收入，是因为这些客户都是冲着他来的老客户，出于长期建立下来的信任。而其他理发师能带过来的客户有限，主要原因是新店的口碑和客户基础还没有形成。所以，这时候评价大家的技术好坏，恐怕没人会服气。或许可以把问题的内涵扩展到门店的服务质量上，通过差异化的服务帮助门店树立口碑。这样一方面思路开阔一些，能发现的问题和改善的地方多一些，另一方面大家也更容易接受。而且连锁品牌有不少经营得很好的门店，大家可以分头去取经。于是第三项子议题就成了改善门店的服务质量，就得到了下面这样一份工作计划表（见表 4-5）。

表 4-5　改善服务质量的工作计划表

子议题	结论假设	所需论据	信息来源	责任人和时间	成果形式
改善门店的服务质量（子议题3）	目前Tony的理发店缺乏服务特色，并在服务客户的整个流程中都存在可以优化的地方	有一些门店在洗发和等待期间做了更贴心的设计，深受客户喜爱	门店观摩	• 1位助理 • 半天/店	• 实景照片 • 店员及客户沟通记录
		有一些门店在剪头发的过程中做了更定制化的设计，客户反馈极佳	门店观摩	• 1位理发师 • 半天/店	• 实景照片 • 店员及客户沟通记录
		有一些门店在结账的过程中增加了更巧妙的互动，客户积极参与	门店观摩	• 店里的收银员 • 半天/店	• 实景照片 • 店员及客户沟通记录

　　讨论完工作计划表，Tony挂断了和师傅的电话，开始在日历上给团队安排起了工作。明后天正好是周五和周六，Tony准备关门歇业两天，让店里的两名理发师、三名助理和一名收银员统统行动起来，集全员之力尽快把门店的经营带上正轨。

　　他详细查了一下商圈最新的商户情况，发现除了自己的门店以外还有两家理发店和一家美容店。也就是说，他需要安排3个人去完成门店蹲守的任务。然后他又联系了总部负责运营的同事，得到的反馈是品牌旗下有3家门店经营得非常好，建议他都去看一看。

　　于是他把所有要完成的任务都以半天为单位写在了小贴纸上，然后摊开了一个空白的日历，准备把这些贴纸都一一贴上去，工作也就安排好了。

如果正在阅读这本书的你就是此刻的 Tony，你会如何安排时间呢？不妨仔细思考一下，然后把表 4-6 下方的各项任务都分配给团队的各个成员吧！

面对数量如此众多的任务，刚开始的时候我们难免会感到没有头绪。不过稍加思索就不难想到，其实我们不仅仅要给团队成员安排执行各项任务的时间，也需要考虑 Tony。他的两项任务加起来周五下午一个半天就完成了，所以从周五晚上开始，Tony 应该做点什么呢？

作为店长，Tony 的任务当然是汇总大家的工作成果，然后做判断、想办法。所以从有效利用 Tony 时间的角度出发，我们当然希望从周五晚上开始，Tony 每个半天都有事情干，而不是干等两天，直到最后时刻所有结果才一股脑涌了上来。因为随着任务的推进，Tony 可能意识到有些工作不需要再做了，或者发现了更重要的事，所以在推进多项任务的过程中，我们总是把短任务安排在前期。只有这样，工作成果才会持续不断地汇总到负责人面前，后面的工作才有机会调整和完善（见图 4-3）。如果我们把短任务安排在了后期，那么在大部分时间里，负责人除了等结果无事可做，这不仅浪费了人力，还让所有人蒙着眼睛一直干到最后才拿出结果，完全失去了中途调整的可能。背后的原理其实就是我们前面讲过的时间统筹法。

表 4-6　Tony 的行动计划表练习

时间段	周五	周六
下午	理发师甲：	理发师甲：
	理发师乙：	理发师乙：
	助理甲：	助理甲：
	助理乙：	助理乙：
	助理丙：	助理丙：
	收银员：	收银员：
晚上	理发师甲：	理发师甲：
	理发师乙：	理发师乙：
	助理甲：	助理甲：
	助理乙：	助理乙：
	助理丙：	助理丙：
	收银员：	收银员：

子议题1　① 住户信息收集 ×1　② 理发店A蹲守 ×4　③ 理发店B蹲守 ×4
　　　　　④ 美容店蹲守 ×4

子议题2　① 理发店价目表 ×1　② 门店营业流水 ×1

子议题3　① 门店A理发观摩 ×1　② 门店B理发观摩 ×1　③ 门店C理发观摩 ×1
　　　　　④ 门店A服务观摩 ×1　⑤ 门店B服务观摩 ×1　⑥ 门店C服务观摩 ×1
　　　　　⑦ 门店A收银观摩 ×1　⑧ 门店B收银观摩 ×1　⑨ 门店C收银观摩 ×1

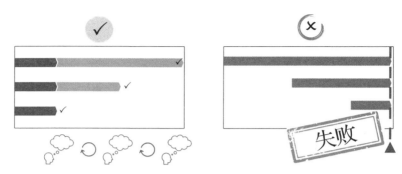

图 4-3　多项任务同步推进的安排顺序

　　就 Tony 这个例子来说，长任务毫无疑问是理发店和美容店的蹲守计数。那么短任务呢？显然子议题 2 是耗时最短的，半天就可以完成全部 3 项任务，所以我们应该把它放在最前面，也就是周五的下午。除了 Tony 自己要和总部联系以外，整理营业流水的任务必然要交给收银员，而打探其他理发店价目表的工作还需要确定人选。考虑到这项任务不仅需要了解自己店里的价目表，而且为人处世也需要圆滑老到一些，Tony 觉得交给理发师甲比较放心。

　　这样周五下午的时间安排就敲定了。收银员整理营业流水，理发师甲打探其他理发店的价格，3 个人分别去两家理发店和美容店蹲守计数，1 个人去其他门店观摩。这样周五下午过去以后，Tony 就拿到了所有子议题 2 所需的信息，也就知道降价促销是否可行了。

　　填好了周五下午的安排，我们继续往下看。这时候我们发现收银员的角色非常特殊，因为其他门店的收银观摩只有他去最合适，所以收银员后面 3 个半天全部安排去门店观摩，他的行动计划就完全定下来了。

　　剩下的工作基本上不是蹲守计数就是门店观摩，唯独还有一件住户信息收集的任务我们需要单独想一想。由于这项任务需要良好的人际交往能力，Tony 觉得还是理发师甲最合适。考虑到物业的上班时间，具体就安排在周六下午最为理想。这样一来，几项特殊的任务都已经安排妥当，理发店和美容店的蹲守计数只要分别交给 3 名同事就可以了。而到了周六晚上，虽然蹲守计数只进行了周五一天和周六一个下午，但是结合住户信息里年轻女性的比例，Tony 已经可以和师傅再次沟通增加美容项目的可行性了。假如住户中年轻女性的比例偏低，那最后一个晚上的蹲守计数就可以取消了。

　　另外还有一个小小的细节，那就是尽可能让大家去其他门店观摩的行程合并在一起，集体行动。这样不仅可以节约交通费用，大家在一起还能互为补充，对其他门店的打扰也是最小的。于是最终就得到了下面这样一份行动计划表（见表 4-7）。

　　如果大家这时候再回过头去看 Tony 最初的那份工作计划表，就会发现其中存在着天壤之别。很多时候我们把大量的时间花在了具体的事情上，急匆匆地做决定，急匆匆地去行动，却忽略了其中最基本的逻辑关系。就像最初的 Tony，理发项目卖不动我们就卖别的，理发师业绩不好就应该被培训。看似每一件举措都直指问题要害，却跳过了分析过程，把自己的猜测作为结论来指导行动。所以在这一章里，我们才花费如此大量的篇幅探讨一份计划的形成应该花费多少时间，一份计划应该如何形成。这就是那些工作效率高到令人不可思议的优秀职场人最强的核心竞争力，因为他们舍得在别人不肯花时间的地方投入精力。行动是最简单的，而思考是最困难的。

表 4-7　Tony 的行动计划表（供参考）

时间段	周五	周六
下午	理发师甲：理发店价目表（子议题 2）	理发师甲：住户信息收集（子议题 1）
	理发师乙：理发店 A 蹲守（子议题 1）	理发师乙：理发店 A 蹲守（子议题 1）
	助理甲：门店 B 理发观摩（子议题 3）	助理甲：门店 B 服务观摩（子议题 3）
	助理乙：理发店 B 蹲守（子议题 1）	助理乙：理发店 B 蹲守（子议题 1）
	助理丙：美容店蹲守（子议题 1）	助理丙：美容店蹲守（子议题 1）
	收银员：门店营业流水（子议题 2）	收银员：门店 B 收银观摩（子议题 3）
晚上	理发师甲：门店 A 理发观摩（子议题 3）	理发师甲：门店 C 理发观摩（子议题 3）
	理发师乙：理发店 A 蹲守（子议题 1）	理发师乙：理发店 A 蹲守（子议题 1）
	助理甲：门店 A 服务观摩（子议题 3）	助理甲：门店 C 服务观摩（子议题 3）
	助理乙：理发店 B 蹲守（子议题 1）	助理乙：理发店 B 蹲守（子议题 1）
	助理丙：美容店蹲守（子议题 1）	助理丙：美容店蹲守（子议题 1）
	收银员：门店 A 收银观摩（子议题 3）	收银员：门店 C 收银观摩（子议题 3）

4.6　做不好计划莫怪 MBTI

最近几年，MBTI（迈尔斯－布里格斯类型指标）渐渐开始受到越来越多的关注，经常看到网络上有一些段子或者短视频吐槽"E 人"怎么样、"I 人"怎么样，或者"P 人"怎么样、"J 人"怎么样等，让不熟悉 MBTI 的朋友们一头雾水。

简单来说，MBTI 是一套以心理学理论为基础的测评工具，在全球范围内已经有超过 30 年的应用历史。这套测评一共分为四个维度，每个维度又有两个方向，每个方向由一个字母来代替，分别是：精力来源（外倾型 E 和内倾型 I）、感知偏好（感觉型 S 和直觉型 N）、判断事物（思考型 T 和情感型 F）以及生活态度（判断型 J 和知觉型 P）。

其中，E 代表了热衷社交，喜欢通过与朋友一起开派对或者聚会的方式为自己补充能量，发表意见的时候也常常一边沟通一边思考；而 I 则代表了更喜欢独处，更享受独自阅读或者待在一个安静的环境里，往往会在深思熟虑之后才给出意见。

S 代表了关注细节、现实和具体的事物，更注重事实和实际经验；而 N 则代表了关注周遭环境、上下文和意义，更注重探索抽象概念和未来可能性。

T 代表了以逻辑和分析为导向，喜欢通过理性的思考来做决策；而 F 则代表了注重情感和人际关系，喜欢通过价值观来做判断，常常也更加关注他人的感受。

J 代表了喜欢有组织、有计划地生活，偏向按部就班并追求完美，常常也更注重时间管理和计划的制订；而 P 则代表了喜欢灵活和自由的生活方式，注重适应性和开放性，更喜欢随性生活、寻找新的机会和体验。

测评过程就是常见的填写问卷，根据你的答案会得出在四个维度下，你自己更靠近两个方向的哪一端，最终用 4 个对应的字母描述你的人格类型。所以两两组合一共有十六种人格，每一种都有对应的解读和建议。比如 ENTJ 常常被描述为"霸道总裁"，而 INFJ 则堪称稀有的"人间天使"。

由于 MBTI 被广泛应用在职业发展、自我成长、团队建设和人际交往的各种场景，所以网络上也出现了很多关于十六种人格的分享和讨论。关于精力来源和生活态度的尤其多，甚至还有不少所谓的"生活小窍门"和搞笑的段子。比如逛街就该带"E 人"，因为他们天生社交能力强，砍价能力高超，而且相处起来轻松又愉快；比如旅行就该避"P 人"，因为他们超级不喜欢做计划，想起一出是一出，常常是惊喜不断，惊吓也不少。甚至还有段子说，建议把"PPT 文档"改叫"JJT 文档"，因为"P 人"根本不喜欢做这种一板一眼的东西。

于是，很多朋友仿佛一下子在 MBTI 中找到了自己，也有了更多理由逃避自己原本害怕的事。比如测出来是"I 人"的开始更加不愿意和同事们交流分享；比如测出来是"N 人"的开始更加不注重细节，更加粗枝大叶；比如测出来是"P 人"的开始更加不愿意制订计划，更加随性地安排自己的时间。

事实上，麦肯锡在很多年前就开始使用 MBTI 了，每一位咨询顾问在入职的时候都会测一次，而且在未来的每一个项目上，新成立的团队内部都会分享各自的 MBTI 类型。到现在我还记得当初自己在做测评的时候，发生了一件很有趣的小事。

那时候我正在参加公司组织的新员工培训，和很多一起加入的小伙伴聆听 MBTI 测评师的讲解。记得讲到感知偏好的时候，只见屏幕上出现了一张类似图 4-4 的照片，然后测评师请大家轮流分享自己的发现。

图 4-4　MBTI 测试用图

　　于是话筒在小伙伴们中间传递了起来，大家也开始各抒己见。前面大部分同事观察得都很仔细，比如有多少个苹果，有几个苹果把儿朝左、几个苹果把儿朝右，甚至有多少个水滴之类的发现。听到这些很细节的描述时，我突然感到一种强烈的不适，说不清楚哪里不舒服。终于话筒传到了我的手里，我站起身来告诉大家，这张图片让我感受到了孤独，因为一个红苹果被一堆绿苹果包围了。我的话瞬间引起了哄堂大笑，所有人都知道了我是一个强 N。

　　麦肯锡会给每一位咨询顾问都进行 MBTI 测试，并不是为了让大家逃避成长，而是让大家更了解自己，也更尊重他人。事实上在四个维度里，精力来源和判断事物是最受到重视的。

　　精力来源的两种类型既关系到当我们很疲劳、精神压力很大、状态非常差的时候如何复原，也关系到我们如何分享自己的观点。这一方面帮助我们了解自己，在面对低谷的时候应该如何调整，如何更加有效地休息，另一方面也帮助我们了解他人的习惯，更加尊重彼此。尤其是在开会集体讨论的时候，"E人"往往想到哪就说到哪，思路切换得很快，点子也很多；但是"I人"就往往深思熟虑，想清楚、想透彻了再表达。如果不了解不同人格类型的行为偏好，"I人"就常常会被误解为"反应慢"或者"不聪明"，其实他们只是需要更多时间来整理思路。所以合作之前充分了解彼此在精力来源上的类型，既能保证大家都精力充沛，也能让每个人都有发声的机会。

判断事物的两种类型则关系到做决定的时候，是完全依靠理性分析，还是也会兼顾人文关怀。因为大部分的咨询顾问都很理性，所以"F人"也常常被大家当作"大熊猫"一样珍惜。商业社会是讲究效率和结果的，也是很残酷的，但"F人"却常常能在其中增加一点人情味。

至于感知偏好和生活态度，这只是大家暂时表现出来的一种行为倾向，并不影响个人未来的成长，更加不存在擅长什么、不擅长什么的说法。我们从来也没有发现"N人"就是做不好非常细致和复杂的数据分析工作，"P人"就是做不好计划，所以他们无法成长为项目经理和合伙人的情况。无论是P还是J，反映的其实都是一种生活态度，而制订计划却是一种工作方法和工作习惯，两者原本就不矛盾。

而且随着我们的成长，其实每个人的MBTI都在发生变化。甚至在同一次测评里，常常还会出现一个维度下的两个方向得分非常相近，好像两边都像，然后两边都不是，应该在中间的情形。比如我自己外表看起来相当擅长社交，但内心却常常需要独处来补充能量，就属于典型的假"E 人"。

所以说，虽然 MBTI 测试有其心理学基础，但测试结果还是需要大家理性看待。个人的成长终究把握在自己手中，MBTI 可不背锅呀!

4.7　尾声

电影《实习生》里年轻的 CEO 朱尔斯大概率就是一个"P 人"，并且我表示不接受任何反驳。倒不是我想蓄意伤害我的"P 人"读者朋友们，而是尽管面临着巨大挑战，尽管朱尔斯后来遇到了一位非常资深、非常聪明也非常合适的接任者，但最终她还是选择了自我成长，没有聘用那位优秀的 CEO，而是逼自己变得更加优秀。

怎么样，是不是很励志呢?

而且在这一章的尾声，相信即便是虚构的案例，一些朋友也仍然想知道"Tony 老师"故事的结局。

最终在众人的努力下，Tony 发现周边小区的年轻女性比例不足三成，而另外两家理发店只有一家提供综合性的美容美发服务。虽然增加美容项目的投入可以接受，但最终他还是认为现在不是增加美容项目的最好时机。而降价促销就更不是一个好主意了，有一个数据就足以说明问题：来找 Tony 的客户全部都办了卡。

不过，一番门店观摩却让大家着实开了眼。这时候 Tony 才发现，相比其他门店，自己的服务差了不是一星半点儿。比如有的门店会在洗头座椅的旁边摆一个手机架子，这样遇到长时间洗头的时候，客户就不用一直举起手来端着手机；而不看手机的客户则给他一个舒适安神的眼罩，小憩片刻也甚是惬意。比如有的门店会准备一个平板电脑，里面全部是最流行的造型，遇到新来的客户会专门增加一个流程，有个自称"造型顾问"的助理会带着平板电脑来和客户沟通，把需求记录下来，然后参考平板电脑上的照片做一些微调，提出一些建议，大大提升了客户的消费体验。再比如有的门店会在收银的时候给客户拍摄照片，记录下客户最美的一刻。这些照片不仅可以放在门店的公众号上，可以打印出来变成客户故事，还可以做成美美的明信片分享给客户发朋友圈。这些小小的巧思既不费力，也花不了多少钱，却能让客户在每一个细节都感受到门店的心意，消费过程中充斥了满满的仪式感，结尾处还有惊喜，客户自然而然就更愿意来了。而且经过这一次集体作战，大家不仅看到了差距，也感受到了强烈的团队氛围和归属感，对即将来临的新一周也充满了期待。

怎么样，现在各位读者朋友舒适了吗？

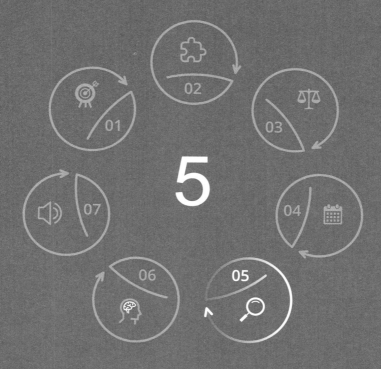

5

展开分析
——我们如何进行一项分析

追求真理比占有真理更宝贵。

——德国诗人莱辛

5.1　藏在迷雾中的真相

经历了从定义问题到制订计划的一系列思考，我们的问题解决之旅终于来到了第五步展开分析。与前面四步不同的是，在这一步我们的视角发生了改变，我们不再是需要考虑全局、统筹资源、制订计划的指挥官，而是负责完成具体分析工作的执行者。如果说前面几个步骤我们需要站得高、看得远，那么这一步我们就需要钻得深、研得透。我们要有敏锐的眼睛，要有强烈的好奇心，要有不查明真相誓不罢休的态度，才能在迷雾中找到问题的答案。

在2024年播出的电视剧《大江大河3》里，男主角之一宋运辉就是这样做的。

1993年初夏，宋运辉刚来到彭阳农药厂不久，警察就找上了门来，说厂里的农药毒死了人。警方拿出检验报告，4月20日～4月25日的农药含磷量严重超标，现在宋运辉负责的彭阳农药厂有重大事故嫌疑。县里和市里的领导紧急过来处理集体中毒事件，农药厂当即被关停，在售农药全部收回。市里还马上抽调人员成立专项调查组，专门负责调查此案，这里面当然就包括宋运辉。

可宋运辉明明记得那段时间的生产并无异常，到底是怎么回事呢？

调查组在彭阳农药厂工作了好几天，查不出任何生产方面的问题，大家都没了主意。这时候宋运辉通过查阅文献提出一个设想，可能是车间反应釜的连接管老化腐蚀，导致磷以酰胺的形式留存到成品中。由于质检只检测有效成分，所以没有查出酰胺的存在，最终导致了磷超标。

调查组接受了宋运辉的提议，马上开始进行设备检测。等待结果期间，宋运辉无意中发现了两个年轻的技术工人违规往反应釜里投料的事，但是为了不影响两人的前途，他选择了暂时隐瞒。很快连接管的检测报告出来了，跟宋运辉推测的一样，管道腐蚀导致了酰胺残留。可宋运辉看了检测报告，认为残留数据比论文的理论数据要低，不足以致死，所以事情可能还是没有查清楚。调查组却认为实际情况和实验环境存在差异，这份报告的结果大家都可以接受，现在已经耗费了大量人力物力，所以希望宋运辉能够签字确认。

就在宋运辉纠结之际，两个年轻的技术工人勇敢地站了出来，主动坦白了违规投料的事。这下人证物证俱在，两个年轻人被带走，调查组也准备结案，所有人都觉得集体中毒事件水落石出了。

可宋运辉却不这么想。他详细了解过违规投料的全过程，两个技术工人在投料时没戴口罩却没有中毒，这就说明集体中毒事件可能还存在其他毒源。于是他多次赶往发生中毒事件的水头村调查，最后怀疑是当地的水源有问题。正好附近又发生一起儿童中毒事件，调查组不得不着手检测水源，并在村民中启动大范围毒性筛查。检测结果显示，水头村粮库附近地势较低的两个水源磷含量严重超标，的确存在其他毒源。

可这些磷又是从哪里来的呢？

于是，宋运辉在自己强烈的责任感和好奇心的驱使下，从车间管道查到水头村的水源，又从水源查到废品站，最后从废品站查到了粮库。原来，6月的时候，粮库在做熏蒸杀虫作业时用错了消杀农药，使用了含有大量磷的剧毒农药。他们发现用错药物以后，抽取了大量地下水来冲洗，被污染的水重新排回地下，最终导致了喝粮库附近井水的居民集体中毒。

这下才终于真相大白。

宋运辉走过的历程其实就是一次典型的展开分析的过程。根据问题的不同，我们可以笼统地将展开分析分为两种类型，一种是定性分析，一种是定量分析。其中，定性分析又可以分为文献调研、专家访谈、用户访谈、问卷调查和事件分析等。更确切来讲，宋运辉查明集体中毒的真相就是一次事件分析。无论哪一种定性分析，其本质都是在回答不同类型的"为什么"。而定量分析又可以分为描述性统计分析、模型分析、组间分析、回归分析、聚类分析、时间序列分析等，而且大都有成熟的专业工具，比如 SPSS、Orgin 和 Matlab 等。无论哪一种定量分析，其本质都是在大量数据中间"找规律"。

由于以上任何一种分析方法单独展开都涉及一门学科的专业知识，所以在此我主要挑选其中一部分最常见的内容进行简要介绍，重点是它们能解决什么类型的问题，最需要关注的要点和避免的错误有哪些。至于研究的详细过程和工作方法，建议大家在有需要的时候通过其他途径进行更加专业和深入的学习，这里就不详细展开了。

5.2　定性分析

　　定性分析是一种主观的分析方法，主要依靠的是分析人员的经验和主观判断能力，利用归纳演绎、抽象概括等手段对所获得的各种材料进行去粗取精、去伪存真和思维加工，从而最终回答"有没有""要不要""对不对"或者"是不是"的问题。所以如果我们从结果的角度来看，定性分析的产出只有"0"或者"1"两种结果，没有其他的中间值。假如我们的任务是调查一个嫌疑人，定性分析主要是关心他到底有没有罪；如果有，那么他到底是主犯还是从犯。

文献调研

　　在所有定性分析方法里，文献调研几乎是出场率最高的手段之一了。就像在上一小节里宋运辉完成的事件分析，中间其实也有文献调研的身影。也正因为文献调研应用极广，所以被滥用的情形也时常发生。因此在使用文献调研的时候，最关键的问题就是来源是否可信赖，结论是否可参考。文献调研最常见的错误就是为了证明而证明，在做分析之前内心已经有结论了，或者把上级给的研究方向直接当成研究结论来处理，带有偏见地挑选了一部分能够支持既定结论的文献，无视其他更权威、更全面的材料，看起来像模像样地做了一大堆分析调研，但实际上只是走个过场。

　　《我的前半生》里有一段剧情令我一直耿耿于怀。唐晶作为一家咨询公司的项目负责人，辛辛苦苦熬了很多个通宵，最终给出了市场份额提升 2% 的建议方案，这让客户大为不满。可就在她离开会议室接听一通电话之际，一旁的合伙人贺涵察觉到了客户的情绪，马上在黑板上写下 7% 的字样，然后接着说："唐晶之前提出 2% 的市场份额提升预估，是基于一些过往的经验。但是在我看来，如果能够引入更多的资源投入，筹集到更多市场活动费用，那么 5% 到 7% 之间的增长，应该是没有问题的。"这下客户倒是开心了，可唐晶却不满意了，因为这虽然是客户想看到的结果，但不是她使用各种方法计算出的独立而客观的结论。

当然，在那一刻郁闷的人还包括作为观众的我。作为一名咨询顾问，我感到自己的脸上被涂了一层厚厚的锅底灰，神色气韵简直比李逵还像李逵。

实际上，咨询行业最重要的就是独立性，这也是一名咨询顾问最重要的职业操守。所以顶级咨询公司的品牌价值其实并不在于所谓的全球经验和前沿洞见，而在于一种传递给客户的充分的安全感。相信这一群人能够用最高的研究标准和职业操守来探索真相，这才是客户付费的真正原因。而且在作为咨询顾问的那段时光里，我自己就亲身经历过两次最终建议与客户期待相反的案例：一次客户想要投资一家初创企业，我们给出了反对意见；另一次客户想要把一块地方规划用于某种用途，我们认为这是在浪费资源，并给出了其他建议。最终结果如何呢？我们的独立性赢得了客户的理解和尊重，双方后续又开展了更多合作。

有的朋友可能会说，咨询行业有其特殊性，独立观点确实价值连城。可如果在企业或者机构里，事情就没那么简单了。关于这一点，在下面的定量分析里，我为大家准备了一个发生在我自己身上的故事，这里先卖个关子。

专家访谈和用户访谈

无论专家访谈还是用户访谈，实际上都是在与访谈对象交流的过程中获取信息，之后再进行加工和提炼。所以一般来说，访谈之前我们都会准备一份访谈提纲，有时候还会提前把访谈提纲发给访谈对象，从而提高访谈的效率。不过也恰恰是因为这份访谈提纲的存在，很多朋友在访谈过程中束手束脚，把访谈变成了流于表面的一问一答。

既然是访谈，我们就必须意识到，坐在我们对面的是一个活生生的人，而不是一个投币吐答案的机器。访谈最容易犯的错误就是拿着一张问题清单，一个一个地问下去，访谈完成的标准就是把所有问题问完。但实际上，访谈对象在回答问题的时候，经常会无意识地追求高效交流，用比较简短的语言来匹配你提出的问题，这就导致很多行为背后的动因没有暴露出来，某种现象背后的洞察没有体现出来，而这些信息才恰恰是分析问题的人最关心的内容。

比如说我们正在就"老年人是否愿意付费做心理咨询"进行前期市场调研。在被问到"当遭遇不愉快的事情，想要和其他人倾诉时，您一般会找谁呢？"，我们的访谈对象可能会回答："会和我的朋友说一说。"听起来访谈对象已经回答了我们的问题，但实际上有更多更重要的信息却没有讲。比如，为什么不和儿女讲？倾诉的频率有多高？不同类型的烦恼会和不同的人讲吗，还是都和同样的人讲？这里还有非常多的信息有待挖掘。

既然是访谈，那么交流才是关键。如果不能通过对话就某一个领域或者某一个话题深入地挖掘下去，那还不如做问卷调查效率高。所以，理想的访谈是专注于少数几个核心点，追求的是深度而非广度，多提出开放式的问题让访谈对象充分发挥，保持持续的好奇心，不断问"为什么"，然后一步一步深入探究背后的原因，从而形成有价值的洞见。

问卷调查

问卷调查是一种低成本、高效率的定性研究手段，特别是现在有比如问卷星和腾讯问卷这样的成熟工具，内嵌了多种便捷的问题模板和格式可以套用，用户又可以通过手机完成填写，所以应用的场景十分广泛。假如我们正在针对产品和服务做调查，那么在推向市场的前期，问卷调查可以用来收集客户的使用反馈；当客户已经熟悉了我们的产品和服务，问卷调查可以用来判断客户是否期待一些新的功能和特色，是否存在优化的必要，或者相比竞品的感受差异等。总之，问卷调查可以通过一系列的问题来了解他人的行为、态度、意见、感觉和偏好，从而帮助我们做出质量更高的商业决策。

考虑到已经有不少成熟的工具，对编写调查问卷的过程我们不做过多展开，只强调几点需要特别注意的事项：

1. 多使用封闭性问题，包括选择题和排序题。和访谈恰恰相反，调查问卷需要多采用封闭性的问题。例如"您是否经常购买洗发水？"就不是一个好的问题。因为每个人对于"经常"的理解不一样，到底多高的频率算"经常"呢？一周买一次？一个月买一次？填写人不知道问卷的标准，就会不知道如何回答。一个更好的问法是："您购买洗发水的频率有多高？"然后在问题下方给出多个具体的选项。

2. 考虑调查对象的时间成本，一般问题不要超过 20 个。根据以往的经验，题目太多、问卷太长，特别是填写的时间超过 10 分钟，调查对象的填写意愿就会受到影响，完成率就会显著下降。如果完成问卷的有效样本数太少，调查的结果就失去了参考价值。

3. 避免预设立场，避免有引导性和倾向性。比如一份针对"90 后"人群手机 App 使用习惯的问卷，其中有一道问题是："您每天大约花多少时间在 B 站（bilibili）？"这就提前预设了对方是 B 站的用户。再比如一份关于用户体验的反馈问卷，在评分的选项里只设计了"一般""很好"和"超出想象"3 个选项，就明显带有了倾向性，因为用户压根就找不到"不喜欢"这一选项。

4. 要确保有效样本的数量足够多，否则结果就不具说服力。考虑到问题的类型，有效问卷的数量并没有统一的标准，需要根据实际情况和过往经验来判断。一个比较简单的办法是问卷题目的数量乘以 10，得到的数字可以作为一个粗略的参考，但还是要以实操经验为主。

事件分析

如果用一句话来概括事件分析的方法，那就是"十万个为什么"。就像这一章开篇时谈到的《大江大河3》里面的例子一样，为什么生产明明没有问题，却发生了磷超标？为什么参与违规投料的两个年轻工人没有中毒？为什么水头村粮库附近的水源会发生污染？为什么粮库的杀虫作业会导致塑料薄膜沾上剧毒？为什么粮库要抽取大量的地下水冲洗？就在这一系列的"为什么"之下，真相慢慢显露了出来。

而在商业环境里，除了事故归因以外，事件分析最普遍的应用场景就是寻找差距。为什么我们的产能比别人低20%？为什么我们的成本比竞争对手高5%？为什么客户更喜欢另外一个品牌的服务？寻找答案的过程依旧像在破案，有时候需要顺着一条线索不断深入探究，有时候又需要使用排除法，但无论哪种方式，都是在刨根问底，都是在不断地问"为什么"。

新的趋势

随着远程办公的日益普及和AI技术的不断发展，国外逐渐涌现出一批商业化的研究工具，能够通过更高效的在线焦点小组访谈、线上社区、网络日记、线上家庭作业等手段完成定性研究。有的工具还具备强大的可视化功能和社交聆听、数据整合及报告生成能力，极大地改善了定性研究的效率和效果。

比如 LiveMinds 可以进行一些在线实验，利用图像、视频等刺激引导讨论，而且受访者也可以在离线状态下拍摄照片、编辑文字，从而在不受他人干扰的情况下更加沉浸地分享"那一刻"的感受，帮助实验者获得更深刻的行为洞察。比如 itracks 不仅可以用于在线的焦点小组访谈，也可以针对某项主题或某张图片以在线留言板的形式收集反馈，还可以通过直播针对一场活动要求受访者用文字回答问题，并且受访者之间不会相互干扰。比如 Kernwert 是一个集合了线上社区、网络日记和线上家庭作业等功能的综合性平台，能够帮助研究人员进行一段时间的跟踪性调研，更深刻地展现真实的消费者心理，并且能够很方便地进行数据导出。再比如 Thematic 是由 AI 技术驱动的分析平台，能够将混乱、嘈杂的用户反馈梳理成具有商业价值的用户洞察等。

最后，由衷希望国内也能够涌现出针对定性研究的前沿工具，帮助国内的企业设计和生产更优质的产品，发现并提供更优质的服务。

5.3　定量分析

定量分析，顾名思义，是对所收集到的数据进行数量特征、数量关系与数量变化分析的方法，也就是从数据中挖掘规律和洞见。在日常工作和生活中，描述性统计分析应该是最常见、最简单的定量分析方法了。描述性统计分析指的是通过对数据进行整理、分类、计数和求和等处理，对数据进行归纳和总结。例如均值用于描述数据的整体水平；中位数用于描述数据的中间位置；众数用于描述数据集里出现频次最高的数字，展现数据的集中趋势；标准差用于描述数据的分散程度等。由于描述性统计分析的应用场景都比较直观，很多办公软件也配备了成熟的统计功能，所以这里就不再展开了。

模型分析

模型分析看起来似乎非常复杂，甚至可以说令人生畏，但实际上在商业环境中，有大量的定量分析场景会用到模型分析，而且很多模型用的只是小学数学，不仅数据量并不恐怖，模型的算法也很简单，却能够十分有效地帮助我们解决问题。因为在商业环境里我们没办法做实验，所以对不同变量对最终结果的影响只能通过搭建数学模型来进行分析。比如财务分析就是典型的模型分析，我们可以通过改变产品的原材料成本、销售价格、销售量等变量来预估最终的收入和利润，这种分析不仅能帮助我们做出更好的商业决策，也让我们更清楚企业的盈利能力对哪些变量更加敏感，从而有效预防风险。再比如回报测算也是一种典型的模型分析，我们可以通过改变项目的前期投资额、注资时间、货币折现率、项目预期收入和利润率等条件，评估项目最终的内部收益率（IRR），决定是否投资这个项目，或者如何更有效地改善一个项目的投资回报等。

当然，模型分析的应用场景还远不止于此。当我们遇到复杂的商业问题，面临多种不确定因素，而所有变量又都可以量化时，模型分析就有可能成为我们解决问题的利器。这里就和大家分享一个发生在我自己身上的故事。

那时候我还在石油天然气行业工作，大约 1 年前刚刚升任为一个新部门的负责人。没想到部门刚刚开始创造效益，就出现了一个令整个公司都非常头疼的问题。

我们公司经营的是一种需要海上运输的大宗油气货物，这些货物绝大部分都来自中东、澳大利亚和非洲等地。为了保障供应，这个行业几乎所有的公司都会在靠近自己下游客户的沿海地区修建相应的进口和存储设施，而故事就发生在地处北方的一座港口城市。

这是一座人口过千万的大型城市。由于四季温差很大，所以市场需求呈现非常明显的季节性，冬夏两季可以相差 3 倍之多，因为冬季有额外的采暖需求。为了保障设施使用率，这座城市的相关设施从一开始就选择了"小储罐"的模式，因为如果按照常规模式建设，过半的存储空间将长时间出现闲置，不仅浪费资源，设备也很容易发生故障和损坏。然而在项目平稳运行了几年以后，这座城市突然迎来了一次百年难遇的寒冬，存储空间立刻就不够用了。马上修建储罐显然是来不及的，所以在整个公司乃至集团都没有类似经验的情况下，我们这个刚成立不久的船舶运输部也只能硬着头皮迎难而上了。

使用船舶来解决存储不足的问题主要有两条路径：一条是长期租赁一艘船停靠在港口进行"浮式仓储"；另一条是租赁多艘船"交替接力"，根据下游市场的需求来灵活调配。具体选择哪条，就需要我们部门给出建议。

然而就像我们现实工作和生活中的很多问题一样，这个选择令人无比纠结，因为无论哪条，其优点和缺点都非常突出。"浮式仓储"的优点在于后续的生产运行非常可靠，无论天气多么恶劣，由于配备了专属的存储空间，所以基本上不会出现断供。但它的缺点在于可行性存在很大挑战，而且经济性可能也不太理想。首先是"浮式仓储"需要外籍船舶长期停靠，当时国内尚无先例，海事部门能否批准存在不确定性；其次是长期靠岸以后，船底会被侵蚀，有没有合作伙伴愿意在这种情况下把船长期租给我们，同样存在不确定性；最后这艘船靠港之后就不能再动了，所以到了夏天可能还会存在资源浪费的问题。

而"交替接力"就刚好反过来。本质上这只是把正常的船舶卸货速度调慢一点，让船舶在港口待的时间略久一点。等这船货差不多卸完了，马上再安排另一艘船去接力就可以了。当时的市场既不缺船，也不缺货，事先也不需要任何特殊审批，所以很好操作。这么做还有两个很大的好处：首先是不需要长期租赁一艘船，节约了一笔开支；其次是灵活调配船只留下了做贸易的可能性，未来一旦出现合适的市场机遇，完全可以为公司创造效益。也正是因为这两点原因，公司的管理层非常倾向于这个方案。

但它的缺点在于后期生产运行的挑战极大，很容易出现断供。首先是本身卸货速度就不可能与下游需求完全匹配，气温变化又加剧了不确定性；其次是每艘船都有自己事先定好的航行计划，很难实现无缝衔接。万一船快到港口了遭遇海风，就只能在公海上干等着。到底能不能在生产运行上找到可靠的解决办法，大家心里都没底。

面对这样两种情况，应该如何选择呢？

有的朋友可能会说："既然领导都发话了，那我们就照办呗！"可是就当时的情景来说，整个公司都没有面对过类似的情形，如果不进行充分论证就给出取悦管理层的结论，那么未来万一出现生产事故，作为这个项目的直接负责部门，我们又该承担什么样的责任？

有的朋友可能会说："既然都有优缺点，那咱们两条腿走路。"对有的问题两条腿走路也许可行，但对这个问题，我们难道一边租船进行"浮式仓储"，一边让多艘船"交替接力"？这显然是巨大的资源浪费。

还有的朋友可能又会说："那就先试试看海事申请能不能通过，通过不了就只能选择'交替接力'了。"可问题是，这么做的前提就已经是认为"浮式仓储"优于"交替接力"了，要是后者综合评判下来更好，为什么还要浪费精力去做海事申请？

我很快意识到，这件事的症结其实在于经济性对比。"浮式仓储"看起来似乎多花了一笔钱，但是想要克服生产运营上的困难，"交替接力"的船只必然要留出富余量，这就会导致在不同的下游需求下，两种方案的经济性对比发生变化。如果大部分情况下"交替接力"的经济性都明显好于"浮式仓储"，并且两者的差距足够大，那么"交替接力"就会是更好的方案。既然发生了极端事件，生产运营上的困难没办法用常规手段解决，那么牺牲一些利益还是可以渡过难关的。如果两个方案的经济性差距超过了可能要牺牲的利益，那么"交替接力"的优点就会凸显出来。反之，如果经过了详细的经济性测算以后，实际上两种方案的差距不大，甚至在有些条件下"浮式仓储"还要更优，那么公司就应该选择"浮式仓储"这个方案。我们面对的是一次充满各种可能性的复杂决策，最终的结果将受到很多因素的影响。不管是说服我们自己，还是说服公司管理层和其他相关部门，都要有定量分析结果，否则不可能说服任何人。

最终在多个部门的支持下，我们把可行的生产运营方案与众多变量融入一个 Excel 测算模型，这些变量包括了船舶的租金、市场需求、停靠时间、安全富余量等众多因素。对比之后我们发现，当市场需求超过一定数值，"浮式仓储"的经济性反而会优于"交替接力"，而这个数值并非遥不可及。因此，最终我们团队建议公司不惜一切代价争取通过海事审批。

直到现在我都依稀记得最终汇报的场景。偌大的会议室里，所有相关部门的负责人和公司管理层一起，一个情景一个情景地看经济性的测算结果，一条假设一条假设地审核模型的各种变量。当看到了那个即将扭转经济性对比的市场需求量时，会议室陷入了短暂的寂静，所有人都沉默了。

接着公司的总经理转头望向我，轻声问道："你想好了？"我点了点头。

"那就这么办吧！"

组间分析

　　组间分析主要被用来判断两组或多组数据之间是否存在统计学差异，如果是对比两组数据，那么采用 t 检验；如果是多组数据，则采用方差分析。所谓的统计学差异是什么意思呢？让我们用 t 检验来举个例子。

　　假如我们选取了 40 名实验对象，男女各半，随机分为常规节食组和药物干预节食组。常规节食组每顿饭比之前平均少吃 10%，饮食结构不变；而药物干预节食组除了每顿饭少吃 10% 以外，还摄入一定剂量的减肥药物。测试周期为两个月，结束后测量体重，进行组间对比。由于药物可能发挥一定作用，所以药物干预节食组的减重量可能会大于常规节食组。但是这种差异是由于抽样误差导致的，还是两组数据真的具有统计学差异，药物真的有用呢？这时候 t 检验就会派上用场。我们可以将两组数据都导入 Excel，使用软件自带的 t 检验函数完成分析，最终搞清楚药物到底有没有用。

　　由于组间对比能够高效地分离出单一因素对于结果的影响，因此 t 检验在商业环境中有着非常广阔的应用。比如我们可以对比不同的配方原料对食品口感的影响，比如我们可以对比两组工人的效能差异，再比如像上面的例子一样分析某种干预手段的实际效果等。

回归分析

　　回归分析最主要的目的是做预测，而最常见的回归分析是线性回归。在进行回归分析时，我们需要先把数据用散点图（必须是散点图）显示出来，然后完成线性拟合，获得回归方程。这个过程用 Excel 就可以实现，操作起来非常方便。有了回归方程，我们就可以代入之前散点图中没有的自变量数值，来粗略预测和估计因变量的结果。

比如我们正在分析某个人群平均每日手机使用时长和平均每月网购金额之间的关系。当我们把前者当作自变量 x，后者当作因变量 y，用这些数据绘制成一张散点图，就可以看出这些数据呈现出近似线性的分布（见图 5-1）。经过线性拟合，就可以得到回归方程 $y=8626.5x+102.45$。由于这些数据中 x 值最大只有 3 小时，没有更长时间的数据，这时候我们就可以借助线性回归方程进行预测，当平均每日手机使用时长为 4 小时或者更长时，平均每月网购金额将是多少。

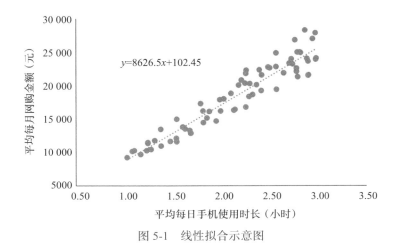

图 5-1　线性拟合示意图

聚类分析

聚类分析起源于分类学，过去人们主要依靠经验和专业知识来进行分类，很少利用数学工具进行定量分类。但是随着技术的不断发展，人们对分类的要求越来越高，仅凭经验和专业知识逐渐难以满足客观需要，数学工具开始被引入其中。K 均值（K-means）应该是目前应用最广泛的聚类算法之一了。它的基本原理是将数据点划分到 K 个簇中，以使同簇内的点尽可能靠近，而不同簇间的点尽可能远离（见图 5-2）。它的计算过程实际上是在不断迭代，优化每个簇中心的位置，从而使簇内数据点之间的平方差总和达到最小值。

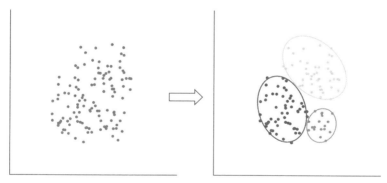

图 5-2　聚类分析示意图

所以用通俗的语言讲，聚类分析就是用数学工具来更科学地进行对象分类。比如市场分析人员可以通过聚类分析从消费者数据库中区分出不同类型的消费者群体，然后针对每一种类型的消费者采取不同的营销方式，用更低的成本实现更有效的产品营销。

由于以上这些内容已经涉及机器学习的领域，所以这里我们只进行了一些非常粗浅的介绍。但非常值得一提的是，类似这样的大数据高阶分析算法在商业环境中的应用，恰好也是当前企业数字化转型中能够释放最大价值的领域。

5.4　尾声

在《大江大河 3》的故事里，宋运辉当然成了英雄。他不仅为彭阳农药厂洗脱了嫌疑，也救了水头村的村民，让大家不再喝有毒的井水了。

而在我自己的故事里，在那个冬天真正来临之前，海事部门批准了我们的方案。也许是天意，就在"浮式仓储"投入运行后的几周，极寒天气接踵而至，市场需求很快超过了那个能够逆转经济性的临界值，我们的分析变成了现实。因为采用了开拓性的解决方案，用更小的代价和更高的可靠性保障了当地的能源供应，这段经历不仅让我自己尤为自豪，也成了整个公司当年最亮眼的成绩之一。

其实在那次最终汇报之前，我的同事曾经多次建议我留有余地，不要把汇报方案做得那么绝对，不要把宝都押在"浮式仓储"上。的确，顶着巨大压力给出与管理层期待相反的建议，即便是在得到了批准的那一刻，我的内心也依旧忐忑。因为就算举全公司之力申请海事批准，最终结果也还是没人能打包票；而且就算被批准，真实市场情况下的经济性是否和模型结果相符，也没有人能预测。

　　但是，我选择了相信自己的分析结果，也愿意为此承担责任。就像《大江大河3》里的宋运辉一样，他本可以接受调查组的提议，签字确认是管道老化导致了磷超标，可是他没有，他也选择了相信自己的判断，哪怕调查组认为已经可以结案了。

　　这就是为什么在这一章里，我们快速浏览了众多定性和定量分析方法，却用了大量笔墨来讲述两个故事。具体的分析方法我们可以根据实际需要来现学现用，但是执着追求真相的精神和坚持独立观点的信仰却重要得多。这无关你处在什么行业，乙方也好，甲方也罢，本质上体现的都是你个人的职场价值。

　　所以我们说：方法诚可贵，精神价更高。若为独立故，两者皆可抛！

6

总结提炼
——我们的结论到底是什么

探案最致命的错误就是不以线索为依据进行
推理，结果往往是扭曲事实来符合推理，而不是推
理符合事实。

——《福尔摩斯探案全集》

6.1　最厉害的人是谁

随着分析工作的完成，问题解决也终于迎来了形成结论的时刻。现在我们的面前摆满了各种各样定性的和定量的研究成果，这些成果在告诉我们什么？我们可以从中得出什么样的结论？形成结论就是解决问题方法论第六步总结提炼所要完成的工作。

如果详细进行区分的话，其实总结和提炼是两件不同的事情。总结是对话题相同的研究成果进行归类和精简，用更加有逻辑、结构化的方式对研究发现的事实进行重新排列组合；而提炼则需要对信息进行再加工和抽象化，使研究发现的事实升华为人的一种认知。所以总结后的结果实际上说的还是那些事实，对内容没有进行加工，只是重新排列组合了一下，结构看起来没那么乱了；而提炼却完全不同，提炼后的结论说的已经不再是事实，而是上升到了认知的层面。

拼图的过程可以形象地展示两者的差异。分析工作完成以后，我们的手中有一大堆各种各样的碎片，每一块碎片代表着一项研究发现，也就是一件事实。总结的过程就是把它们拼起来的过程。因为我们事先不知道拼起来以后的全貌，所以只能按照碎片的样子和上面的图案找到相邻的碎片，然后一块一块确定它们的位置，最终把碎片拼成一幅完整的画。而提炼的过程就是站远一点，理解画面含义的过程。这时候我们恍然大悟，原来这是一张藏宝图啊！你看，提炼之后的内容说的已经不再是碎片，而是把事实升华到认知层面了。所以从严格意义上讲，总结提炼一共包含总结和提炼两个步骤。不过熟练的朋友往往将两步合二为一，确实有时候我们不需要拼完所有的碎片，就已经知道图案的含义了。

从这个意义上讲，总结提炼的过程颇像破案。搜集线索就是在寻找各种各样的证据，而这些证据最终将提炼为罪名是否成立的结论，完美呈现了从事实到认知的总结提炼过程。所以在我眼中，《神探夏洛克》中的夏洛克·福尔摩斯堪称这个星球上总结提炼最厉害的人，而且没有"之一"。

他可以在短短几分钟内从一具躺在河边的尸体上找到7处证据，然后迅速推断出展览馆中的一幅价值三千万英镑的世界名画其实是赝品。看似两件毫不相干的事，他究竟是如何联系到一起的呢？这简直太不可思议了。

首先，死者穿着非常正式的西裤和衬衣，但是衣服的布料是那种廉价又耐用的，而且尺码明显偏大，所以应该是某种标准配备的工作制服。他的皮带上有个机套，大概率是放置对讲机用的。他的后背肌肉松弛无力，是典型长期保持坐姿办公的结果。而他的脚掌却有破损，小腿有静脉曲张，所以他的工作状态既需要大量的步行，也会常常久坐。符合以上所有特征

的，最有可能是保安。最后他的手表设置了夜间的闹钟，而且
设置闹钟的按键却久不使用，所以他常常上夜班。

其次，死者衬衫的前襟被撕去了一块，应该是有一个徽
章或标牌之类的东西，凶手必须拿掉才能够掩人耳目，所以
死者一定在一个很容易被辨认的地方工作。死者的裤兜里有
一张揉成一团的检票存根，说明他在一家博物馆或者展览馆
上班。快速检索网上的消息，发现有一家美术展览馆刚刚报
案，有一名保安失踪了。而就在这家展览馆，今晚就会展出
一幅价值连城的世界名画。

最后，为什么会有人花重金聘请杀手来干掉一个普普通
通的保安呢？一定是有人知道了事情的内幕，会导致三千万
英镑的巨资化为泡影，所以那幅名画一定有问题。

就在短短的几分钟，无数的证据都被福尔摩斯串联了起
来，这些事实原先就像散落在各处的星点，而他强大的总结
提炼能力把这些点画成了线，最后又绘制成了美丽的银河。

6.2　工作中的总结提炼

在工作和生活里，我们当然不需要像福尔摩斯一样神乎
其技，但是总结提炼的能力同样十分重要，而且这也是很多
人遇到的难点。因为解决问题最终寻找的是答案和办法，而
不是一大堆研究得来的事实。如果我们把最终成果向某个人
汇报，结果讲了一大堆研究成果，那么听汇报的人难免会问：
你告诉了我这么多信息和细节，你到底想要说什么？结论是
什么呢？就比如下面的场景。

案例：张峰的邮件

张峰就职于一家从事机械制造的公司，是一名总裁助理，上司是这家公司分管销售的副总裁李总。现在正值11月，李总打算去北京办一场针对大学应届毕业生的招聘会，吸纳一些高质量的人才作为销售队伍的新鲜血液。这段时间李总一边到处出差谈客户，一边远程指挥张峰做相应的准备。这天他刚刚飞机落地，就收到了张峰的邮件，内容是这样的：

收件人：李总

主题：工作进展汇报

李总，您好！

关于下周在北京的招聘活动，现在有几个问题跟您汇报一下。您上次要求的那家酒店我们只能订到周二或者周三的场地，周一会议中心全天都满了。除了这家以外，我还看了其他3家酒店。A酒店距离您关注的3所院校距离有点远，而且附近没有地铁，学生们过去有点不太方便，我担心到场人数偏少。B酒店会议中心装修有点老，我进去的时候都能闻到发霉的味道，虽然酒店说能处理，但我猜您不太喜欢，档次有点不够。C酒店位置和装修都还可以，就是住宿价格超标了，回来报销要么打申请，要么得安排您住到别处，略不方便。另外航班的话，现在周日、周一和周二的机票都比较好订，只是您要坐大飞机的话，只有周一晚上或者周二一大早的了，而且这两趟航班公务舱的座位都不多了。

最后，负责生产运营的刘总刚发通知，周三早上想和您还有几位资深的销售经理一起开个会，他们要准备明年第一季度的原材料采购了，具体计划得和咱们这边碰一下。就是这些情况，请您指示。

祝好！

张峰

发送

　　大家如果是李总的话，会给张峰以上的邮件内容打多少分呢？平心而论，张峰的语言表达还算简练，每一句都不是废话，用词也都足够准确，而且三个事项分门别类，应该还算不错的了。可如果设身处地地站在李总的角度，他到底应该怎么做呢？张峰要传达的信息是什么呢？

　　这就是一个典型的"只有总结、没有提炼"的例子。而且十分遗憾的是，这恐怕也是很多人在实际工作中所呈现出来的状态。这不仅是一种工作意识的问题，也是一种工作方法和习惯的问题。张峰只是简要地罗列了自己的工作成果，却没有提炼出最终的结论是什么。如果他肯在这方面动动脑筋，这封邮件可能就是这样的：

```
─  ⊼⁶ ×

收件人：李总

主题：工作进展汇报

李总，您好！
    我建议把招聘会定在周二下午。
    首先，您要的酒店周一没有场地了，其他酒店也都不太合适；
    其次，只有周一晚上或者周二一早的航班还有大飞机的公务
舱，招聘会放在周二下午您选择多一些，也好安排其他事；
    最后，周三早上您需要赶回来，负责生产运营的刘总找您开
明年第一季度的原材料采购会。
    以上情况请您指示。祝好！
张峰


发送 | ⫝̸ | +                                    ⫛ | +
```

两者的差别显而易见。

很多人认为，能把长长的一大段文字简化成几个简单的要点，就是有很强的提炼能力。实际上这只是在总结，根本不是在提炼，因为我们没有对文字内容进行再加工，说的还是那些事，只是换了一些措辞、缩短了一些篇幅而已。因此，归纳长篇幅、纯文字内容的要点并不能有效训练一个人的提炼能力，因为在这个过程中我们想的都是用简练的文字进行替换，没有进行再加工和升华。而且不少文章常常包含了作者大量的个人观点，我们无法将这些观点当作事实来二次加工。

在我看来，训练提炼能力最有效的方法就是阅读图表。因为图表中不仅蕴含了海量的信息，而且这些信息全部都是事实。如果我们对图表中的内容进行总结和描述，那恐怕需要说上很久很久。每一张图表都仿佛一座神秘的迷宫，宝藏丰富却不可名状，逼着我们要用提炼能力来阅读它，理解它，把它升华成一种观点、一种规律，总之是一种重要的认知。

所以从下一小节开始，我们就会从阅读图表入手，来帮助大家训练出强悍的提炼能力。

6.3　从阅读图表中学习提炼方法

在分享具体的方法之前，不妨让我们先来看一个例子。

案例：美国和印度 CEO 们工作时间的分配

由于 2005 ～ 2010 年 5 年间印度企业的快速发展，2010 年来自沃顿商学院的几位教授联合发起了一项针对印度大型企业 CEO 的调研，旨在了解印度顶层管理者的管理模式，探讨所谓的"印度管理模式"有哪些可以借鉴的地方。他们先后访谈了印度最大的 98 家企业的 105 位高管，并且将访谈结果与一系列针对美国上市公司的调研数据进行了对比，图 6-1 便是他们的研究成果之一。图中百分比的数字表示有百分之多少的 CEO 在某件事上花费的时间更多或者更少了，而颜色深浅则分别代表了美国和印度。

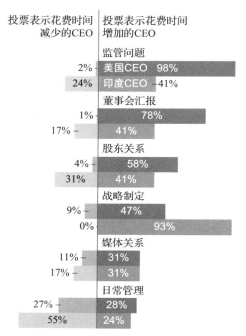

图 6-1   2005 ～ 2010 年美国和印度大型企业 CEO 们花费时间的变化

资料来源:《哈佛商业评论》2010 年 3 月刊。

　　请各位不妨花几分钟仔细看一下这张图,然后思考一下,
我们可以从这张图中总结出哪些事实,提炼出什么结论呢?
为了更好地训练提炼能力,我们把看图的过程分成 3 个步
骤,列在了表 6-1 中。请尽情使用表 6-1 留给大家练习的空
间吧!

表 6-1 "美国和印度 CEO 们工作时间的分配"看图练习

这张图中包含了哪些信息?

我可以从这张图总结出哪些事实?

如果把结论提炼成一句话,那会是什么?

大家都从这张图里阅读到了哪些信息，提炼出了什么样的结论呢？下面就让我们抽丝剥茧，一点一点把它们提炼出来。

首先，直观上，该图所传递的信息包括：

- 在美国大型企业 CEO（下文简称"美国 CEO"）中，98%表示过去 5 年来他们在监管问题上花的时间更多了，只有 2% 表示更少了；在印度大型企业 CEO（下文简称"印度 CEO"）中，41% 表示过去 5 年他们在监管问题上花的时间更多了，24% 表示更少了。

- 在美国 CEO 中，78% 表示过去 5 年来他们在董事会汇报上花的时间更多了，只有 1% 表示更少了；在印度 CEO 中，41% 表示过去 5 年他们在董事会汇报上花的时间更多了，17% 表示更少了。

- 在美国 CEO 中，58% 表示过去 5 年来他们在股东关系上花的时间更多了，只有 4% 表示更少了；在印度 CEO 中，41% 表示过去 5 年他们在股东关系上花的时间更多了，31% 表示更少了。

- 在美国 CEO 中，47% 表示过去 5 年来他们在战略制定上花的时间更多了，只有 9% 表示更少了；在印度 CEO 中，93% 表示过去 5 年他们在战略制定上花的时间更多了，没有 CEO 表示更少。

- 在美国 CEO 中，31% 表示过去 5 年来他们在媒体关系上花的时间更多了，只有 11% 表示更少了；在印度 CEO 中，

31% 表示过去 5 年他们在媒体关系上花的时间更多了，17% 表示更少了。

- 在美国 CEO 中，28% 表示过去 5 年来他们在日常管理上花的时间更多了，27% 表示更少了；在印度 CEO 中，24% 表示过去 5 年他们在日常管理上花的时间更多了，55% 表示更少了。

这里大家就能看出图表在传递信息方面多么有效。一张图所包含的信息，如果写成文字竟然有近 500 字之多！那么这些信息到底说明了什么呢？我们应该如何去理解和加工这些信息呢？

看到一张图表，第一步我们首先需要思考的是：这张图表探讨的问题是什么？

根据这张图出处的介绍，几位沃顿商学院教授的研究对象是印度 CEO，并且用美国 CEO 做了对比。因此，这张图探讨的问题应该是印度和美国两个不同国家 CEO 之间的对比，而不是同一个国家 CEO 在过去 5 年来的变化。

不少朋友看到这张图以后，会把很大一部分精力花在解读过去 5 年来的变化上。比如看到 98% 的美国 CEO 过去 5 年在监管问题上花费了更多时间，他们马上就联想到，这可能意味着美国企业整体面临的监管压力增大了。也许的确是这样。但如果我们再看另外一条，93% 的印度 CEO 过去 5 年在战略制定上花费了更多时间，这又能说明什么呢？说明印度的企业竞争很激烈，所以 CEO 们必须多花时间思考战略？

还是说明印度的企业生存环境都很好，利润都很丰厚，所以
CEO 们才有时间多思考战略？同样的变化，好像两种原因都
能说得通。

　　之所以我们要在第一时间思考研究的主题，是因为一张
图往往蕴含着海量的信息，可以从很多个角度去解读。如果
不假思索就开始读图，常常会受到个人经验主义的影响而跑
偏，在该课题压根不关心的地方浪费时间。

　　实际上就这一张图而言，如果我们把关注点放在了同一
个国家过去 5 年来的变化上，恐怕得出的任何所谓结论都不
是信息提炼，而是一种过度解读或者个人猜测。因为这张图
上展现的仅仅是花费时间增加或者减少这个结果，而没有展
现任何原因。也许是政府的法规严格了，也许是员工的诉求
提高了，也许是 CEO 们更有危机意识了，这些都有可能。就
像破案的时候讲究证据一样，提炼同样必须以事实为依据，
不能主观猜测或者凭空臆断。而且只要往"变化"这个方向
上动脑筋，我们马上就会思考到底是什么导致了这种变化，
而这些根本就不是该课题本身关心的内容。几位教授研究的
是"印度管理模式"，美国的情况是用来做对比的，所以变化
不是重要的，差异才是重要的。

　　明确了图 6-1 所探讨的问题，接下来的思考就有了清晰
的方向。首先，监管问题是最多的美国 CEO 增加时间的事
项，比例高达 98%；印度却只有 41%，而且还有 24% 的印
度 CEO 减少了在监管问题上花费的时间。这说明美国 CEO
在监管问题上几乎步调一致，而印度 CEO 却各有各的做法，

41% 增加了，24% 减少了，剩下 35% 保持不变（增加时间分配的百分比 + 减少时间分配的百分比 + 时间分配不变的百分比 =100%），只能说增加的 CEO 群体略占上风。

董事会汇报和股东关系的情形类似。大部分美国 CEO（比例分别为 78% 和 58%）增加了在这两项事务上分配的时间，而在印度只能说增加处理这两项事务的时间的 CEO 群体略占上风。

这里需要特别强调的是，对于印度我们只能说增加的 CEO 群体略占上风，却不能说印度 CEO 整体增加了在监管问题、董事会汇报和股东关系上花费的时间，因为我们不知道每位 CEO 的增加量和减少量是多少。也许一位 CEO 增加的时间就相当于十位 CEO 减少的时间之和，所以这里增加的百分比是不能和减少的百分比做减法的。图 6-1 一种等价的表达方式是询问印度 CEO 是否同意过去 5 年来自己在某项事务上增加了时间，而选项有"同意""反对"和"没变化"。这里的数字只表示了群体的大小，不反映实际变化的多少。

在战略制定上，两国的 CEO 再次呈现出了明显的差异。这次印度 CEO 步调一致起来，高达 93% 的印度 CEO 都表示在战略制定上花费了更多时间，美国却只有 47%，还有 9% 减少了。也就是说，美国 CEO 在战略制定上基本分成两派，47% 的增加了，44% 的不变（100%- 增加的 47%- 减少的 9%）。

在处理媒体关系上两国的 CEO 差别不大，这项我们可以略过。

最后在日常管理上，保持不变的美国 CEO 占比最高，达到 45%（100%- 增加的 28%- 减少的 27%）；而减少的印度 CEO 占比最高，达到 55%。

综上所述，我们对这张图的总结应该就是："除了媒体关系以外，其他 5 项事务印美两国大型企业的 CEO 都呈现出了明显的差异——几乎所有的印度 CEO 都在战略制定上增加了时间，而美国 CEO 却只有一半；大部分的美国 CEO 都在监管问题、董事会汇报和股东关系上增加了时间，印度 CEO 却不足一半；最后略超过一半的印度 CEO 减少了日常管理上花费的时间，而美国 CEO 则有接近一半保持不变。"

你看，我们通过对图中信息的归类和重新组合，将原本近 500 字的内容精简到了不到 150 个字，而且意思也更加聚焦在了印度和美国 CEO 的差异上，使读者不会再往其他角度解读，消除了歧义，消息传递也更加高效了。于是，不少朋友的思考也就在这里停止了。

然而，以上的内容意思虽然到位，但仍然只是总结，不是提炼，因为还没有进行任何加工。我们还需要把这接近 150 个字的事实提炼成一句话的结论。

那会是什么呢？

很多朋友刚开始做提炼的时候非常痛苦，变着法子想减少字数、精简语句，但是折腾来折腾去，最终表达的还是和总结一样的意思，只是换了个说法而已。减少字数和精简语句是非常好的沟通练习，能够帮助我们更从容地应对各种时长的沟通场景。比如有 5 分钟的时候我们可以多讲一些，讲细一些，而只有 30 秒的时候我们就必须言简意赅，尽可能减少不必要的文字。但就像我们在前面讲的，减少字数和精简语句不是好的提炼方法，因为内容还停留在事实的层面，并没有上升到认知的层面。

　　想要做好提炼，以下 4 条心法是关键。我们需要把它们灵活地融入提炼结论的过程，逐渐做到运用自如。

抓大放小，看大的趋势和形态，忽略不重要的信息，不纠结于细节。

抽象定性，给保留下来的发现"戴个帽子"，从性质中发现规律。

量化差异，关注不同项目之间的差异，量化它们并思考能说明什么问题。

指向行动，回顾探讨的问题是什么，尝试把发现和有可能的行动相关联。

　　让我们接着来看刚才的问题。

　　在前面近 150 个字的总结里，一共有 3 条发现。它们是同等重要的吗？当然不是。稍加思索就会发现，关于日常管理的那条其实没那么要紧。虽然在数据上印度和美国的 CEO 表现出了明显差异，但美国是近半 CEO 保持不变，印度是过半 CEO 减少。也就是说，无论在美国还是印度，增加在日常管理上的时间投入都不是主流，所以这一条不是重点。

接下来，美国 CEO 花费更多时间的事项都是什么性质的呢？很明显，监管问题、董事会汇报和股东关系都属于非业务性质的，是偏短期和外部的事务（大型企业的董事会一般不参与日常经营）。而印度 CEO 花费更多时间的事项都是什么性质的呢？显然战略制定属于业务性质的，是偏长期和内部的事务。

然后再向课题研究的结论靠拢，最终从这张图提炼出来的结论就是："印度 CEO 过去 5 年（2005 ～ 2010 年）在关系到企业长期发展的战略制定上花费了更多时间，相反美国 CEO 则在短期、非业务的外部事务上花费了更多时间，这一点值得美国 CEO 学习和借鉴。"

怎么样，和各位自己填写的结果相同吗？

特别需要强调的是，提炼的好坏并不以文字的多少作为评判依据，有时候提炼出的结论并不比总结来的事实更简短，所以我们不需要纠结篇幅长短。关键在于提炼出来的结论是否上升了一个层次，从一条一条分散的事实升华成了一种观点、一种指引我们行动的认知。

如果大家有兴趣翻阅报告的原文，就会发现时间分配的变化只是几位教授研究成果的一部分。在访谈中他们还发现，印度 CEO 普遍重视员工，他们花更多时间激励员工，帮助员工培养使命感，在内部培训上投入更多，而且非常注重内部沟通和信息透明。这些优秀的管理方法不仅值得美国 CEO 学习，同样也值得世界各地的企业高管们学习。

6.4　用更多的图表磨炼提炼能力

在上一小节里，大家已经通过一个案例学习了从图表中提炼结论的方法。那么在这一小节里，就让我们把这些方法充分地应用起来，一起探讨 5 个风格各异的图表吧！不过在这里需要提醒大家的是，希望各位能够充分地独立思考，力求一次性把全部内容都提炼出来，一定不要"缺斤短两"哦！

案例 1: 产业转移对美国本土制造业的影响

　　为了研究产业转移对美国本土制造业的影响，加州大学的一位教授进行了数据分析并得到了图 6-2。图中横坐标表示美国本土制造业的小时工资，纵坐标则定义为该行业的产品从低收入国家进口的百分比。深色代表 2001 年，浅色则代表 1991 年。每一个圆点内的数字可以对应到下面的具体行业，而圆点的大小则代表了该行业在美国制造业就业岗位中所占的份额。

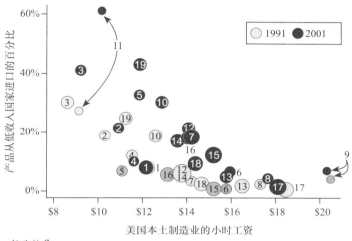

图 6-2　美国本土制造业小时工资与同行业进口份额的对比

资料来源：《哈佛商业评论》2004 年 11 月刊。

　　请各位不妨花几分钟仔细看一下这张图，然后思考一下，我们可以从这张图中总结出哪些事实、提炼出什么结论呢？请尽情使用表 6-2 中留给大家练习的空间吧！

表 6-2 "产业转移对美国本土制造业的影响"看图练习

这张图中包含了哪些信息?

我可以从这张图总结出哪些事实?

如果把结论提炼成一句话,那会是什么?

　　大家都从这张图得出了什么样的结论呢？下面就让我们来一起探讨一下。

　　乍一看这张图，很容易被它包含的大量信息劝退，更别说我们最后还要用一句话提炼出结论了。我们不妨耐着性子，一个行业一个行业地梳理一下这张图传达的信息。考虑到图上有 19 个行业之多，为了避免让信息过于复杂，我们不妨约定：从任何一个坐标轴来看，1991 年和 2001 年的两个圆点存在重叠的，我们认为"位置基本没有变化"；移动距离在半个计量单位以内的，我们称作朝某个方向移动了"少许距离"；移动距离在半个到一个计量单位的，我们称作移动了"一段距离"；移动距离超出一个计量单位的，我们称作移动了"大段距离"。那么图中包含的信息便可以整理如下：

- 第 1 项食品业，无论是圆点的位置还是大小，基本都没有发生变化；
- 第 2 项纺织业，圆点朝右上斜向移动了少许距离，面积明显缩小；
- 第 3 项服装业，圆点朝上移动了一段距离，朝右移动了少许距离，面积明显缩小；
- 第 4 项木材业，无论是圆点的位置还是大小，基本没有发生变化；
- 第 5 项家具业，圆点朝上移动了大段距离，朝右移动了少许距离，面积基本不变；
- 第 6 项造纸业，圆点接近垂直朝上移动了少许距离，面积基本不变；

- 第 7 项印刷业，圆点接近垂直朝上移动了一段距离，面积基本不变；

- 第 8 项化工业，圆点位置基本没有变化，面积明显缩小；

- 第 9 项石油业，无论是圆点的位置还是大小，基本没有发生变化；

- 第 10 项橡塑业，圆点接近垂直朝上移动了一段距离，面积基本不变；

- 第 11 项皮革业，圆点朝上移动了大段距离，朝右移动了一段距离，面积明显缩小；

- 第 12 项石材与混凝土业，圆点垂直朝上移动了一段距离，面积明显缩小；

- 第 13 项初级金属业，圆点朝左上移动了少许距离，面积略有缩小；

- 第 14 项加工金属业，圆点接近垂直朝上移动了一段距离，面积基本不变；

- 第 15 项机械制造业，圆点接近垂直朝上移动了一段距离，面积基本不变；

- 第 16 项电子制造业，圆点朝上移动了一段距离，朝右移动了少许距离，面积基本不变；

- 第 17 项运输设备制造业，圆点位置基本没有变化，面积略有缩小；

- 第 18 项仪表与控制设备制造业，圆点接近垂直朝上移动了少许距离，面积明显缩小；

- 第 19 项玩具和珠宝等其他制造业，圆点朝上移动了一段距离，朝右移动了少许距离，面积基本不变。

面对如此大量的信息，我们应该如何总结自己的发现呢？这时候，我们首先要考虑的问题就是：这张图探讨的问题是什么？

根据图表出处的介绍，这位美国教授研究的课题是产业转移对美国本土制造业的影响。不难想到，这里所谓"影响"的意思是，随着美国的制造业向低成本国家进行产业转移，美国本土的就业机会变少了。考虑到我们探讨的行业有 19 个之多，不同行业的情况是完全不一样的，所以到底哪些行业受到了产业转移的影响，哪些行业基本没有呢？在受到影响的行业中，哪些行业影响大，哪些行业影响小呢？这些都应该是课题所关心的内容。

因此，虽然图上的行业很多，但是我们实际上关心的行业需要符合两个条件。首先，这些行业在 1991 ~ 2001 年期间圆点的位置向上移动了，也就是行业的进口比例上升了。因为如果产业转移影响到了美国的就业，那么进口比例就一定会提高，这是一个基本前提。至于这些增加的进口商品是美国企业产业转移到低收入国家，然后再出口到美国的，还是由其他国家的企业生产的，我们可以在聚焦行业之后进一步研究。其次，在纵坐标上升的同时，这些行业的圆点面积也缩小了，也就是美国本土的就业机会减少了。这一点非常好理解，因此不再过多解释。

顺着这条思路，我们发现 19 个行业中只有 6 个符合条件，并且它们在这张图上的表现可以大致分为以下 3 类：

- 第 1 类是位置朝右上方移动，面积明显缩小的，包括第 2、3、11 项；
- 第 2 类是位置向上移动，面积明显缩小的，包括第 12、18 项；
- 第 3 类是位置朝左上方移动，面积略有缩小的，只有第 13 项。

所以就这张图呈现的信息，我们可以把发现总结为："1991 ～ 2001 年的 10 年间值得重点关注的一共有 6 个行业，其中纺织业、服装业和皮革业的进口比例上升了，本土的小时工资也上升了，但劳动力占比下降了；石材与混凝土业和仪表与控制设备制造业的进口比例上升了，本土的小时工资没有变化，但劳动力占比下降了；最后初级金属业的进口比例上升了，本土的小时工资有所降低，劳动力占比也下降了。"

毫无疑问，这里我们又一次强烈感受到了读图一开始明确研究目的的价值。考虑到研究主题是产业转移对美国本土制造业的影响，我们很快就将关注点从 19 个行业缩小到 6 个，一下子就从"不知道该看哪里"的状态变成了"有目的地筛选信息"的状态，总结发现也就更加得心应手了。

另外值得强调的是，在我们总结发现的过程中一直要坚持以事实为依据的原则。例如我们使用的措辞是"劳动力占比"，而非"美国的就业岗位"，因为我们并不知道这 10 年间美国制造业总体的就业岗位数量发生了什么样的变化。我们之所以花时间在开始读图的时候回顾研究课题，是因为想要顺着课题的方向进行思考，不在课题不关心的地方浪费精力，但这并不代表我们可以偷换概念，最终的研究结论还是需要小心求证。

那么接下来，我们又该如何把这些发现提炼成一句话的结论呢？

还是采用前面介绍过的心法：抓大放小、抽象定性、量化差异、指向行动。所以我们应该把目光聚焦在那些最符合产业转移特征的行业上。产业转移有什么样的特征呢？按照常理判断，之所以有的产业会大范围转移到低收入国家，主要是出于成本的考量，而且主要以生产环节为主。由于大部分低附加值的岗位都被转移到了海外，本土保留下来的岗位都是相对而言附加值较高的，在图上展现出来就是位置朝右移动了。在剩下的 6 个行业里，符合这一特征的只有纺织业、服装业和皮革业，所以这 3 个行业才是我们真正应该关注的。

看到这里，相信聪明的读者朋友们也发现了，实际上我们是在对行业进行筛选，也就是对图中的信息"取其精华、去其糟粕"。在总结发现的阶段，我们利用研究的课题设置了第一个筛子，留下了进口比例提升且劳动力占比下降的行业；而在提炼结论的阶段，我们则利用产业转移的特征设置了第二个筛子，留下了 3 个重点行业。相信随着不断的磨炼，大家会越来越习惯信息提炼，两个步骤慢慢就可以合二为一啦！

　　找到重点之后，我们还需要对这 3 个行业进行抽象定性和量化差异。显然它们都是传统的劳动密集型行业，而且即便圆点向右移动了，也依旧在小时工资里排在最后 3 位。所以用一句话提炼出最终的结论就应该是："在美国本土的制造业中，最有可能受到产业转移冲击的是时薪最低的 3 个劳动密集型行业——纺织业、服装业和皮革业。"

　　怎么样，和各位自己填写的结果相同吗？

　　这张图的难点不仅在于包含了大量的信息，容易让人迷失方向，而且很多朋友在读图的过程中可能觉得小时工资这个数据没什么价值，完全可以将横坐标定义为进口比例，纵坐标定义为劳动力占比。这样虽然能让相关性体现得更加直观，但是让人忽视了产业转移会使美国本土的工种发生变化，更不用提真正发生产业转移的其实是原本小时工资就很低的行业了。

　　事实上，在这份报告的原文中作者还提到，这张图实际打破了美国所有制造业都在转向海外的错误认知。在那些就业人群体量大、小时工资高的行业（如运输设备制造业），来自海外的威胁并不显著。所以拥抱竞争、降低成本、预防客户流失，这些才是真正应该关心的问题。

　　做完这个案例，大家对于提炼结论有了哪些心得和体会呢？不妨都记录下来吧！

对于提炼结论有哪些心得体会？

案例 2：美国医疗体系的表现

2010 年 4 月，《哈佛商业评论》刊登了一系列聚焦于美国医疗体系的研究文章，在其中一篇文章中，研究人员将当时各个 OECD 国家最新的人均医疗支出和预期寿命绘制在了一张图内，得到了下面的结果（见图 6-3）。其中横坐标的单位是岁，纵坐标的单位是美元。

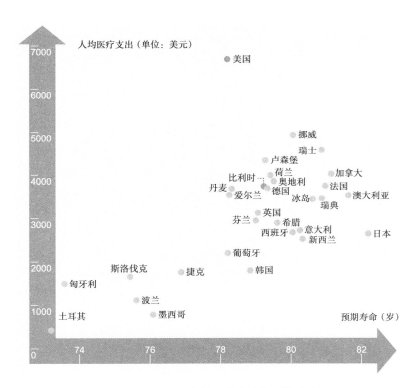

图 6-3　OECD 国家的医疗支出与预期寿命

资料来源：《哈佛商业评论》2004 年 11 月刊。

　　请各位不妨花几分钟仔细看一下这张图，然后思考一下，我们可以从这张图中总结出哪些事实、提炼出什么结论呢？请尽情使用表 6-3 中留给大家练习的空间吧！

表 6-3 "美国医疗体系的表现"看图练习

这张图中包含了哪些信息?

我可以从这张图总结出哪些事实?

如果把结论提炼成一句话,那会是什么?

大家都从这张图中得出了什么样的结论呢？下面就让我们来一起探讨一下。

一眼望去，我们马上发现美国的数据点孤零零地待在图的上方，和其他国家离得好远。还是老办法，我们首先要考虑的问题就是：这张图探讨的问题是什么？

根据图表出处的介绍，研究对象实际上是美国整体的医疗体系。所以我们需要提炼的，应该是美国的医疗体系到底表现如何。按照常理判断，最理想的结果应该是"花小钱、办大事"，所以表现最好的国家就是居于图片右下方的日本。

明确了研究的目的，又知道了什么样的国家表现最好，那我们应该如何评价美国的表现呢？应该以什么标准和哪个国家去对比呢？我们是不是只能把结论提炼成"美国的医疗体系表现不佳，人均支出是日本的近 3 倍，而人均寿命却仅仅在 OECD 国家里位列中游"呢？

细心的朋友应该马上发现，这里关键的问题是如何进行量化。以上的提炼其实存在一个很严重的问题，那就是人均支出和最优秀的日本比较，但人均寿命却在和 OECD 的其他所有国家比较，这显然是有失公允的。如果用这样的方式来量化，那么挪威和美国其实差不了多少。挪威的人均医疗支出是日本的两倍，而人均寿命同样在 OECD 国家里位列中游。从这两句结论中，我们能看出美国和挪威之间有巨大的差异吗？

如果只和日本比较，那新西兰也不行。因为它的人均医疗支出和日本基本相当，但是人均寿命却整整少了两岁！

　　这时候有的朋友可能会咬着牙说，那我们干脆比个平均值吧！大不了把每个国家的数值都算出来，反正都已经从前面 19 个行业、前后两年的数据里蹚过来了。对这些不怕辛苦的朋友我表示十分赞赏，不过平均值似乎也不能很好地说明问题。假设其他 20 多个 OECD 国家的平均医疗支出是 3658 美元，而人均寿命是 80.5 岁，我们应该如何量化地评价美国的整体表现呢？公式是什么，应该怎么算？

　　回顾做好总结提炼的 4 条心法，我们不仅要做到量化差异，还要注意抓大放小。如果我们拉远一点距离来看这张图，就会发现美国以外的 OECD 国家形成了一种趋势，这些数据点呈现出明显的线性规律。我们只需要在图中画下一条大致的趋势线，就能够把其他 20 多个 OECD 国家人均寿命与人均医疗支出的关系表现出来，评价就有了合理的量化依据（见图 6-4）。这里添加的趋势线其实就是上一章"展开分析"里介绍过的线性拟合，只不过在看图的过程中，我们有一个粗略的结果就足够了。

　　有了这条趋势线，我们就可以非常客观地评价一个国家的表现了。位于这条线上方的是表现差的国家，位于这条线下方的是表现好的国家。必须要说的是，幸好课题研究的是美国，其所处的位置一目了然。如果研究的对象是芬兰，没有这条趋势线，那简直不知道该从何说起呢！

　　借助这条趋势线，我们可以发现：当人均寿命同样为 78 岁时，趋势线对应的人均医疗支出大约为 2200 美元。也就是说，美国花费了 3.3 倍的人均支出才得到相同的结果，从效率的角度来看仅仅是其他 OECD 国家整体效率的 1/3。这才是既全面又合理的量化评价结果，而且对每一个国家都可以使用相同的方法快速给出判断。

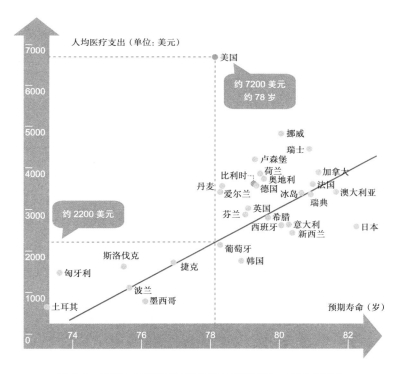

图 6-4　OECD 国家的医疗支出与预期寿命（量化评价）

走到这里，我们的总结提炼完成了吗？

当然还没有。我们还缺少一项行动的建议呢！所以把以上内容都综合起来，最终的结论就应该是："美国的医疗体系在 OECD 国家中表现最差，体现在人均寿命相同的情况下，人均医疗支出的效率仅仅是其他 OECD 国家整体水平的 1/3，因此亟待向日本等国家学习，彻底进行改革。"

事实上在这份报告的原文中，作者还分析了人均医疗支出高企的 5 大原因，包括失控的住院和检查价格、按接诊次数计算的收费模式、过多的专业培养学科细分、5% 的病患用掉了 48% 的总支出，以及严重缺乏同行交流的小团队医疗模式，并给出了一系列行动建议。

做完这个案例，大家对于提炼结论有了哪些心得和体会呢？不妨都记录下来吧！

对于提炼结论有哪些心得体会？

案例 3: 证券分析师的买入建议

　　为了研究世界各地的证券分析师是如何对一只股票给出买入建议的，哈佛商学院的几位教授对来自美国、欧洲、亚洲和拉丁美洲的共计 1000 名证券分析师进行了为期两年的持续调研，并将结果汇总到了图 6-5 里。图中右侧的四列分别代表着某个因素的重要性，从左到右逐渐提升。四个英文字母则代表着 4 个地区和国家的总体意见。

影响证券分析师对股票给出"买入建议"的决策因素	对于分析的重要性			
	低	中	高	非常高
清晰且沟通良好的战略	Ⓐ Ⓛ Ⓤ			Ⓔ
战略执行能力	Ⓐ Ⓛ	Ⓤ	Ⓔ	
企业治理能力	Ⓐ Ⓛ		Ⓔ	Ⓤ
高管团队质量	Ⓛ			Ⓐ Ⓔ Ⓤ
创新能力	Ⓐ	Ⓤ	Ⓔ	Ⓛ
低价策略	Ⓐ Ⓛ		Ⓔ	Ⓤ
卓越的产品或服务战略	Ⓐ Ⓔ Ⓛ		Ⓤ	
财报表现	Ⓐ Ⓔ Ⓛ Ⓤ			
企业文化	Ⓐ Ⓔ Ⓛ		Ⓤ	
高绩效激励	Ⓐ Ⓔ Ⓛ	Ⓤ		
预计赛道增速			Ⓔ	Ⓐ Ⓛ Ⓤ
行业竞争力	Ⓛ	Ⓐ Ⓔ Ⓤ		

Ⓐ 亚洲　Ⓔ 欧洲　Ⓛ 拉丁美洲　Ⓤ 美国

图 6-5　影响证券分析师对股票给出买入建议的决策因素

资料来源：《哈佛商业评论》2012 年 11 月刊。

　　请各位不妨花几分钟仔细看一下这张图，然后思考一下，我们可以从这张图中总结出哪些事实、提炼出什么结论呢？请尽情使用表 6-4 中留给大家练习的空间吧！

表 6-4　"证券分析师的买入建议"看图练习

这张图中包含了哪些信息?

我可以从这张图总结出哪些事实?

如果把结论提炼成一句话,那会是什么?

　　大家都从这张图中得出了什么样的结论呢？下面就让我们来一起探讨一下。

　　这张图的难点不仅在于信息很多，而且从研究背景来看，4个地区和国家以及12个决策因素也没有明确的研究重点。也就是说，看图的时候我们没有了方向性的引导，只能依靠自己的阅读和观察能力了。

　　这种情况在工作中十分常见，对我们的提炼能力也提出了更高的要求。比如我们拿到了一些关于生产或者销售的数据，或者来自客户的反馈，但是在阅读这些内容的时候，我们并不知道自己在找什么。在前面的两个案例里，研究目的牵引着我们看图的目光，所以即便有大量的信息，我们也可以凭借火眼金睛去伪存真，把真正有价值的部分挑选出来进行总结提炼。而在这个案例和后面的案例里，大家恐怕就没有了这份"奢侈"，需要我们仔细观察每一张图表，凭借自己的智慧发现其中的规律和奥妙。正所谓回归实践，循序渐进嘛！

　　既然如此，那我们就硬着头皮把图中呈现的信息总结一下。考虑到有4个地区和国家、12个决策因素，一个一个地详细总结起来非常烦琐，我们不妨学习一下奥运会奖牌榜，把重要性的大小当作名次，12个决策因素当作运动员，统计一下各个地区和国家分别有多少个因素拿到什么名次吧！

　　看到表6-5，各位有没有忽然眼前一亮的感觉？实际上这张表就是对原始内容的最好总结。从这里我们可以发现，欧洲和美国的分布比较均匀，而亚洲和拉丁美洲的情况则比较极端。所以总结下来就是："研究发现，欧洲和美国的证券分析师的决策因素比较均衡，而亚洲和拉丁美洲则分别只看两项最重要的因素，分别是高管团队质量、预计赛道增速和创新能力、预计赛道增速。"

表6-5　4个地区和国家12个决策因素的重要性汇总表

地区和国家	重要性低	重要性中等	重要性高	重要性很高
美国	2	4	2	4
欧洲	4	1	5	2
亚洲	9	1	0	2
拉丁美洲	10	0	0	2

你瞧，是不是非常简练呢？

有的朋友可能会说，如果我一下子想不到用奥运会奖牌榜的办法统计打分，那该怎么办呢？难道只能依赖自己的灵感吗？

当然不会。

正如前面所讲的，想要做好总结提炼，以下4条心法是关键（重要的事情说两遍）：

- 抓大放小，看大的趋势和形态，忽略不重要的信息，不纠结于细节。
- 抽象定性，给保留下来的发现"戴个帽子"，从性质中发现规律。
- 量化差异，关注不同项目之间的差异，量化它们并思考能说明什么问题。

- 指向行动，回顾探讨的问题是什么，尝试把发现和有可能的行动相关联。

之所以很多朋友看到这张图一时没了主张，或者找不到思路，就是因为花了很多时间去看那 12 个决策因素是什么，各个地区的分析师们都给哪些因素打了高分。这就是典型的纠结于细节。实际上如果我们把那 12 个因素全都涂黑，或者换成完全看不懂的东西，情况反而好了很多。看图表的时候我们的确需要关注细节，但并不是所有细节都要关注。我们需要先站远一点，看出这张图总体的规律和特点，找到其中最值得关注的地方，然后再把放大镜拿出来，仔细观察。只有这样，我们才不会被淹没在信息的海洋里。

如果关注大的趋势和规律，我们就会发现代表欧洲和美国的两个字母被散落到了各个地方，而代表亚洲和拉丁美洲的字母则连续一大片排列在重要性最低的那一列。再仔细观察下去，我们发现亚洲和拉丁美洲竟然要么出现在最左边一列，要么出现在最右边一列，两极分化非常严重。而亚洲是看高管团队质量和预计赛道增速，拉丁美洲则是看创新能力和预计赛道增速。殊途同归，这和奥运会奖牌榜的逻辑是一样的。

不过，现在还不是高兴的时候，因为这才仅仅是总结发现，我们还没有提炼结论呢！

其实走到这里，这个案例真正的难点才出现，因为一时间好像找不到还可以提炼出什么。回顾我们的 4 条心法：抓大放小用过了；抽象定性不需要，这张图本来就是定性的；量化差异貌似也没有太大意义；现在只剩下了指向行动一条，确实很容易卡住。可是，教授们发现的这些规律能够给出什么样的行动建议呢？

顺着指向行动这条思路，相信大家慢慢也会反应过来：相比于美国和欧洲，亚洲和拉丁美洲的企业想要获得证券分析师的青睐，其实是很容易的。在亚洲，企业只需要进入一个预计会快速增长的赛道，然后再打造一支明星高管团队就可以了。而在拉丁美洲，除了要进入一个预计会快速增长的赛道，企业只需要全力打造创新能力就可以了。总之，这两个地区上市公司的市值管理要比美国和欧洲的上市公司容易很多。这就是我们能够从原始图中提炼出来的最终结论。

事实上，这也正是报告原文给出的建议之一。因此，虽然过程有些困难，甚至可以说有些痛苦，但是仅凭对一张图的总结和提炼，我们在短短 2000 字的阅读中竟获得了与哈佛商学院教授们花费两年时间得出的研究结果相同的结论！想想看还是蛮了不起的一件事呢。

怎么样，做完这个案例，大家对于提炼结论有了哪些心得和体会呢？不妨都记录下来吧！

对于提炼结论有哪些心得体会?

案例 4：年轻人对创业的态度

　　由于世界经济的持续低迷和失业率居高不下，创业公司在带动经济发展和创造就业上发挥的作用越来越重要，各个国家的政府也越来越注重创造友好的营商环境。2012年 9 月《哈佛商业评论》刊登了一系列面向不同国家展开的调研结果，调研的主题围绕着创业，包括新增公司的数量、增速、存活率，年轻人对创业的态度，开办一家公司的速度等。图 6-6 便是一部分国家的年轻人对于创业的态度，右侧的数字表示百分比。

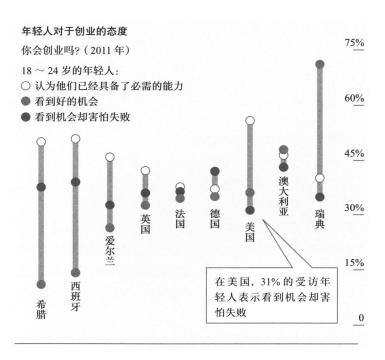

图 6-6　部分国家年轻人对于创业的态度

资料来源:《哈佛商业评论》2012 年 9 月刊。

　　请各位不妨花几分钟仔细看一下这张图,然后思考一下,我们可以从这张图中总结出哪些事实、提炼出什么结论呢?请尽情使用表 6-6 中留给大家练习的空间吧!

表 6-6　"年轻人对于创业的态度"看图练习

这张图中包含了哪些信息?

我可以从这张图总结出哪些事实?

如果把结论提炼成一句话,那会是什么?

　　大家都从这张图中得出了什么样的结论呢?下面就让我们来一起探讨一下。

　　就这张图的内容而言,恐怕没有一条清晰的研究目的来引导我们的理解。和上一个案例类似,我们仍然需要发挥自己的观察能力，先找到图中最值得重点关注的部分，然后再深入思考。

首先从各个国家的排布上看，从左到右实际上是按照浅蓝色圆点从低到高的顺序排列的。其中表现最差的是希腊，大约只有 10% 的年轻人能够看到创业的好机会；紧随其后的是西班牙和爱尔兰，分别只有约 15% 和不到 30%；英国、法国、德国和美国的数字比较接近，都在 35% 左右；澳大利亚的数字超过 45%；而瑞典则遥遥领先，超过 70%。

深蓝色圆点的数据跨度则明显不如浅蓝色圆点的大，最低大约在 30%，最高也没有超过 45%。其中表现最好（深蓝色圆点是负面指标，数字越小表现越好）的是美国和爱尔兰，数字稍微超过 30%；而希腊、西班牙、英国、法国和瑞典的表现比较接近，都稍微超过 35%；最后表现最差的两个国家是德国和澳大利亚，40% 出头。

空心圆点除了美国的数据略高，其他国家的数据跨度和深蓝色圆点差不多，基本也在 15%。其中德国、法国和瑞典的表现最差，大约 38%；澳大利亚和爱尔兰在 45% 左右；希腊和西班牙略高于 50%；美国则达到了 53% 左右，居于首位。

如果我们按照从左往右的顺序一个国家一个国家地总结，除了希腊和西班牙的年轻人明确认为自己有能力却看不到机会以外，中间很多国家我们甚至不知道应该如何总结，或者说不知道总结出来有什么价值。比如法国，3 个数据的数值几乎是一样的，而且全部位于这 9 个国家的中间位置，我们总不能说"在所有维度都表现中庸"吧？

　　这就是为什么我们在练习提炼能力的时候，一再强调"抓大放小"。在前面这一段分析中，我们其至没有深究这 3 个数据的含义，只辨别了它们分别是正面的评价数据，还是负面的评价数据，实际上这就足够了。剩下的时间我们全部在观察数据的跨度、最大值和最小值的归属、各个国家所处的相对位置等。一句话，我们关注的是这张图整体的样貌和形态，从而找出其中最关键的部分，然后再进行深入挖掘。

　　那么这张图里最值得关注的国家是谁呢？毫无疑问是瑞典。瑞典有超过 70% 的年轻人看到了好的创业机会，这个数字比排名第二的澳大利亚整整高出 25 个百分点。而且瑞典只有略高于 30% 的年轻人看到机会却害怕失败，这个数字在 9 个国家里排名倒数第三。一正一反两相对比，瑞典的年轻人有着最高涨的创业激情，可以说一骑绝尘，遥遥领先。与之对应的，瑞典的年轻人却只有大约 38% 认为自己具备了足够的能力，在 9 个国家里同样位列倒数第三。一个国家同时具备了最突出的优势和最突出的劣势，请把它叫作"目光吸铁石"好吗？！

　　只要我们把目光聚焦在瑞典，相信指向行动和最终的结论也即将浮出水面了。可以建议政府推出针对年轻创业者的技能培训项目，或者设立一定的赋能基金和导师机制，这些都是不错的举措。

　　怎么样，随着对几个案例的深入探讨，大家是不是也越来越适应总结提炼了呢？接下来就让我们提升一点难度，让问题的复杂性再上升一个层次，迎接一点新的挑战吧！

案例 5：新市场，新机遇

　　App M 是于 2019 年在 A 国上线的一家线上交友平台，过去几年发展很快，用户人数从 12 万人快速上升至 50 万人，收入也从几百万美元攀升至 5500 万美元，已经成为 A 国目前最大的线上交友平台，占据了大约 40% 的市场份额（见图 6-7）。为了谋求进一步发展，App M 开始考虑是否将业务扩张到 B 国，于是安排团队对 B 国进行了一系列调研，包括新市场 B 国在线交友 App 市场竞争格局和未来增速（见图 6-8）、新市场 B 国目标用户的支付意愿（见图 6-9）、目标用户对在线交友的态度及使用目的（见图 6-10）。其中，后两项调研的受访对象为约 1300 名典型的目标用户，年龄在 20 ～ 45 岁，男女各一半；最后一项调研不仅收集了新市场 B 国受访对象的看法，同时也和此前在本土市场 A 国做的调研结果进行了对比。

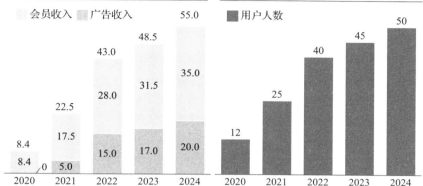

图 6-7　App M 过去几年在本土市场 A 国的业务情况

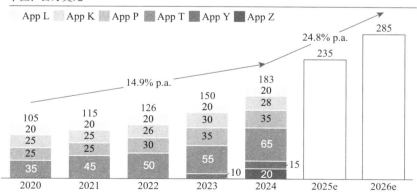

图 6-8　新市场 B 国在线交友 App 市场竞争格局和未来增速

注：只计算会员收入，不含广告收入。

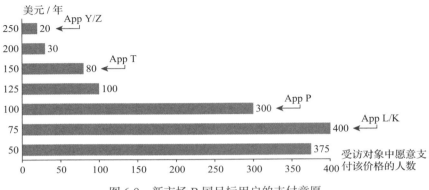

图 6-9　新市场 B 国目标用户的支付意愿

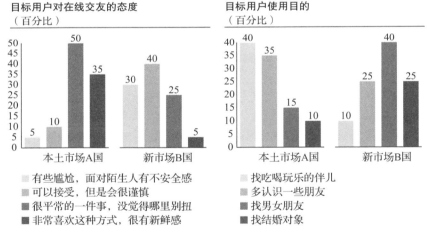

图 6-10　目标用户对在线交友的态度及使用目的

　　请各位不妨多花一点时间仔细看一下这 4 页 PPT，然后思考一下，我们可以从中总结出哪些事实、提炼出什么结论呢？你认为 App M 是否应该去新市场 B 国发展呢？如果要去的话，App M 应该怎么做？请尽情使用表 6-7 中留给大家练习的空间吧！

表 6-7 "新市场，新机遇"看图练习

这 4 页 PPT 中包含了哪些信息？

我可以从这 4 页 PPT 总结出哪些事实？

如果把结论提炼成一句话，那会是什么？

　　大家都得出了什么样的结论？下面就让我们来一起探讨探讨。

　　首先从图 6-7 我们能够得到 App M 在本土市场 A 国的收入情况和用户人数。的确如案例背景所说，收入和用户人数在过去 5 年持续保持上升的势头。不过 2022 年以后增速明显放缓，体现在 2020 ～ 2022 年的用户人数几乎每年都有大幅度的增长，而 2022 ～ 2024 年，每年只能新增 5 万用户，增幅只有 1/9 到 1/8。而收入的发展趋势与用户人数的基本相似，尤其是广告收入在 2022 年一下子增长两倍（与 2020 年相比）以后，每年的增长只有 350 万美元，增幅同样大幅降低。考虑到 App M 已经在 A 国处于市场领先地位，占据了约 40% 的市场份额，继续实现 2020 ～ 2022 年的高速增长已经不现实了，所以 App M 确实有必要考虑一下海外的发展机遇。

　　从图 6-8 中，我们能够得到新市场 B 国的市场体量、增速和竞争对手的信息。目前市场上已经有 6 家对手，其中有两家是 2023 ～ 2024 年才上线的。尤其引人注意的是，未来两年 B 国线上交友的市场增速将达到 24.8%，比过去 5 年的 14.9% 有了明显的提升。

　　那么，我们应该如何去理解这个增速呢？

　　当然要量化差异了！

　　这时候我们意识到第一张图的收入和用户增长是非常重要的参考依据，回过头用 2022 ～ 2024 年的收入和用户人数计算平均每年的复合增长率，得到的结果为 12% ～ 13%。

B 国未来两年的市场增速几乎是 App M 在本土市场 A 国 2022 ～ 2024 年的两倍之多，这简直太有吸引力了！

而且如果我们把 App M 在本土市场 A 国 2024 年的会员收入与 2024 年 B 国的市场总体量相比，就会发现 3500 万美元的会员收入在 B 国市场的占比都不到 20%，只能与 App P 并列第二名，前面还有会员收入达到 6500 万美元的 App T，身后还有两家体量差距不大的 App L 和 App K，甚至连 2024 年才杀入市场的 App Z 都是能与 App M 匹敌的对象。

综上所述，无论从市场的总体量还是未来两年的增速来看，进军新市场 B 国都是非常有吸引力的。

接下来看图 6-9，新市场 B 国目标用户的支付意愿。这张图包含的信息非常多，不仅反映了 1305 名受访对象中有多少目标用户每年愿意支付多少美元的会员费，而且我们也能够看出市场已有竞争对手的价格水平。显然 App L 和 App K 走的是大众化路线，1305 名受访对象中只有 375 人无法承受它们的价格，而 App Y 和 App Z 走的则是高端路线，他们选择了只服务那批支付意愿最强的用户。另外两家对手的价格则居于中间，而目前市场份额最大的 App T，其价格在中间偏高的档次。

最后是图 6-10，两国目标用户对在线交友的态度及使用目的。总体来说，本土市场 A 国对于在线交友的接受程度更高，体现在 85% 的受访对象表示"很平常"或者"非常喜欢"，而新市场 B 国却只有 30%。而在使用目的方面，本土市场 A 国用户主要的目的是社交，体现在 75% 的受访对象是为了"找伴儿"或者"交朋友",而新市场 B 国 65% 的受访对象是为了"找男女朋友"或者"找结婚对象"。所以简单来说,两国目标用户对在线交友的态度及使用目的截然不同。

走到这里,各位觉得 App M 应该如何进入新市场 B 国呢?

回到我们最初的问题,App M 想要实现继续增长,这是一个典型的新市场问题。回顾我们曾经在第 2 章探讨过的,新市场既可以靠自力更生来实现,也可以和其他企业合作,还可以直接收购一家公司。当然,能够将自己在本土市场打磨成熟的产品直接销售到新市场肯定是优先选择的路径,但目标市场必须给我们这个机会,能够让我们发挥长处。那么这时候一个非常核心的问题就出现了:B 国的在线交友市场到底是哪个细分板块在驱动增长呢?增长都是从哪里来的呢?

这时候我们回过头来仔细观察图 6-8 就可以发现:实际上在增长的只有 App T、App Y 和 App Z。App L、App K 和 App P 过去 5 年的增长非常缓慢,尤其 App L 已经完全不增长了。结合图 6-9 目标用户的支付意愿,我们不难得出结论:B 国的在线交友 App 市场增长主要是由高端客群带动的,因为持续增长的 3 款 App 都是高客单价的产品。最后再结合图 6-10 目标用户的使用目的,就会发现新市场 B 国的发展趋势更加明显了:以婚恋为目的的高端客群是推动 B 国市场快速增长的主要群体。

而 App M 在本土市场 A 国显然是以社交为主要使用场

景的。不仅用户的反馈在提出这样的要求，而且当我们回过头仔细分析图 6-7 就可以发现：实际上 App M 的会员产品在本土市场 A 国的平均客单价为 70 美元 / 年，属于走大众化路线的产品。而这样的产品在 B 国已经难以继续增长了。

由此可见，虽然 B 国市场非常有吸引力，但 App M 的成熟产品却与快速增长的细分板块并不匹配。想要在未来两年快速加入这场发展的盛宴，恐怕收购一家企业比自己从头开始要更加可行，App Y 和 Z 都是不错的目标。

所以说，外面的世界很精彩，但外面的世界也很无奈啊！

回顾一下我们在这个"小"节讨论的 5 个案例，可以说它们涵盖了各种各样的风格，也给大家留下了充足的内化 4 条心法的机会。虽然每个案例的图表信息量都极大，但是彼此各有侧重。对于第 1 个案例，我们需要把探讨的主题和研究目的牢记在心中，否则就会被淹没在数据的海洋里；对于第 2 个案例，不仅需要明确主题，还要追求量化，不能很笼统地给出结论；第 3 个和第 4 个案例没有明确的主题，我们需要分别在定性和定量的图表中靠火眼金睛寻找规律，自己锁定重点；而到了第 5 个案例，我们需要带着问题去看，不仅要利用定性的图进行判断，利用定量的图完成计算，最后还要穿梭于 4 页 PPT 之间，将 4 张表环环相扣的 PPT 组合成一个完整的结论。

最后，让我们再给自己一点点反思的时间，然后把想到的都记录下来吧！

对于提炼结论有哪些心得体会?

6.5　尾声

对于那些得到结论以后不需要向上或者对外汇报的场景，"总结提炼"实际上就是解决问题的终点，接下来把结论付诸行动就可以了。所以这里的尾声恐怕不仅仅代表一个章节的结束，解决问题的旅程也画下了阶段性的句号。在我们实施解决方案的过程中也许会出现新的问题，于是又一个新的阶段被开启，如此周而复始，伴随着我们的工作和生活不断前进。

　　从这个意义上讲，另外一部被吐槽为"不老神话"的动漫作品《名侦探柯南》，倒也有几分道理。自 1994 年开始连载，30 年过去了，这位推理能力堪比福尔摩斯的少年竟然完全没有长大，还是当年的那副模样。我想这恐怕是因为破案没有尽头，永远都有下一个案件在等待着柯南。世界需要他的能力，而在属于我们自己的故事里，我们也需要智慧和勇气，来面对崭新的每一天。

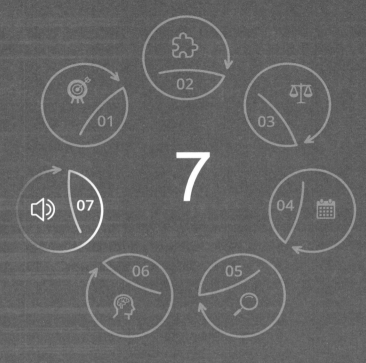

7

汇报建议

——我们如何说服他人接受建议

欲说者，务隐度；计事者，务循顺。阴虑可
否，明言得失，以御其志。方来应时，以合其谋。
详思来捷，往应时当也。夫内有不合者，不可施行
也。乃揣切时宜，从便所为，以求其变。以变求内
者，若管取捷。

——《鬼谷子》

7.1　用"S-C-I故事框架"应对非正式汇报

其实严格来讲，汇报建议并不属于解决问题的范畴，而是一个典型的沟通场景。但是在工作过程中，很多时候我们需要上级批准方案，或者需要其他团队的支持，又或者作为乙方提供服务，这时问题解决就不以找到答案为终点了。我们需要借助好的沟通技巧说服他人，获得充分的认同，这时候问题才算真正被解决了。

如果从场景上区分，汇报建议一般可以分为正式汇报和非正式汇报，区别在于有没有投影出来或者打印出来的汇报材料作为辅助。只要聆听汇报的人能够阅读辅助材料，那么无论在咖啡厅里一对一碰面，还是很多人在会议室开会，我们都称其为正式汇报。相反，如果汇报过程只能通过口头交流来完成，没有任何辅助材料，那么就是一次非正式汇报。比如大家常说的"电梯演讲"，就是一次典型的非正式汇报，我们需要在一段乘电梯的时间里简明扼要地完成汇报，实现我们的沟通目的。

那么我们要如何在不到1分钟的时间内快速抓住听众的注意力，并且获得他们的认同呢？先来看下面的案例。

案例背景：

张宇就职于一家为 C 端个人用户提供服务的综合性金融企业，负责某一款产品的市场营销。由于精准把握了用户的痛点，这款产品在过去两年快速增长，市场中也逐渐开始出现了效仿者，竞争日益激烈了起来。为了保持市场领先地位，从去年起他们便投入巨资在市场营销上，每年花费数百万元支付给几家合作的广告公司。

随着市场逐渐饱和，产品销售收入的增速从上个季度开始逐渐减缓。所以这款产品的总负责人赵总上周五把张宇叫到办公室，请他研究一下是否可以从长期合作的广告公司那边挖几个不错的人过来，这样一方面可以节约费用，另一方面也提高了自身的能力。张宇了解清楚赵总萌生这个念头的背景之后，答应本周五拿出一份报告，把这样做的利弊分析透彻，并给出自己的建议。

这天正好是周三，一大早赶着上班的张宇碰巧在电梯里遇到了赵总。见电梯里没有其他人，赵总随口向张宇问道："早啊张宇，报告准备得怎么样了？"

如果你是此刻的张宇，你认为赵总具体关心的是什么呢？不妨整理一下思路，记录在下面的空白处吧！

你认为赵总此刻期待听到什么内容？

所谓"电梯演讲"，当然只是一种比喻，并不一定发生在电梯里。有可能发生在茶水间里，也有可能发生在工位前。不管是哪种场合，这都是一种非正式汇报，而且往往是计划外的、临时的汇报。

在这种情况下，绝大部分时候汇报对象关心的是三个问题：情况（Situation）、复杂性（Complication）和启示（Implication），也就是所谓的"S-C-I 故事框架"。我们把每一项展开，来看一看里面的具体内容。

情况一般指的是工作进展，比如在张宇的这个案例里，赵总最关心的肯定是这份报告写到哪里了，是否有了初步的结论。当然，还有一种情况就是眼下并没有一项需要特别汇报的工作，只是日常性的了解。无论是哪一种，我们都可以用最精练的语言对当前的情况进行概括，核心是要让对方有概念。比如说项目完成进度的百分比、KPI考核的数字，或者工作所处的具体阶段等，一定要简明扼要，最好一句话说完，切勿包含太多细节信息分散了听众的注意力。

在电影《穿普拉达的女王》里，就有一段典型的电梯汇报。在这一小段剧情里，高级编辑奈杰尔在电梯里偶遇杂志社的老板拉维茨，拉维茨冲奈杰尔问道："我们的杂志一切顺利吗？"这时候奈杰尔没有讲任何具体的销量和业务数字，而是用一句话给出了答复："有史以来最棒的9月刊。"瞧，就是这样简洁有力，让听汇报的人不需要动任何脑子也可以迅速建立概念。

复杂性一般指的是工作中面临的难点和瓶颈，比如在张宇的这个案例里，赵总也关心张宇的工作是不是遇到了困难，是否能够在周五前及时完成。当然，我们还可以将这一点往外延伸，不仅涵盖工作目前遇到的困难，还可以拓展到工作中的亮点、特色和一些出乎意料的地方，例如发现了新的市场机会、客户第一次提出某种值得深入探讨的诉求，或者初步测算下来的成本节约幅度等。无论哪一种，我们都可以用展现重要细节的方式来进行举例，核心是要让对方对你的成果有信心。如果谈到新的市场机会，我们就要说明为什么这个机会属于我们；如果谈到客户新的诉求，我们就要指出这个诉求对我们未来业务的价值；如果谈到节约成本，我们就要解释测算的关键假设有哪些。

在电视剧《理想之城》里，就有一段典型的汇报桥段。在这一小段剧情里，天成建筑公司的主任经济师苏筱为了说服总经理汪炀推行全面财务改革，举了两个非常具体的例子：一个是公司总部卫生纸的消耗量，另一个是用闲置资金购买短期理财产品。过去半年，公司总部 60 个人每个月要消耗240 卷卫生纸，相当于平均每个人每个月消耗 4 卷。而在刚刚过去的春节假期，公司账面有 3000 多万元的闲置资金，如果节前购买短期理财产品，节后回来就有几万元的收益了，但财务部却什么都没有做。听到这两个例子，原本抗拒改革的汪炀立刻意识到了问题的严重性，于是支持苏筱推行全面财务改革。

之所以我们要在情况上高度概括，却在复杂性上展现细节，是因为在非正式汇报场景下，听众没有那么多的时间来聆听完整的分析和全部的内容。想要在极短的时间内说服对方接受我们的意见，就必须首先赢得对方的信任。通过展示一部分令人印象深刻的细节，让听汇报的人能够从一个小例子中充分感受到我们的态度认真负责、我们的工作深入细致、我们的成果值得信赖，也就起到了"管中窥豹"和"四两拨千斤"的效果。虽然我们没有把我们做的所有工作都讲一遍，但是这些细节能够很好地代表工作的整体质量，于是听汇报的人对其余来不及细讲的部分也有了信心。

最后，启示一般指的是下一步的工作计划，比如在张宇的这个案例里，赵总还关心剩下两天张宇会做什么。当然，对做汇报的人来说，不仅可以讲自己下一步的工作重点，还可以就此引出所需要的支持，或者对工作的其他想法。比如说我们需要请其他部门提供协助，想让领导帮忙打个招呼，或者说工作过程中有了新的思路，还需要继续验证，在正式汇报前让领导有个心理准备等。需要注意的是，非正式汇报是无法取代正式汇报的，重要的决策还是要在正式汇报的场合来完成。

遵照" S-C-I 故事框架"，张宇的汇报内容可能就会是这样的：

已经有初步结论了，还在请财务和人力的同事帮忙算一下成本。总的来说，挖人过来恐怕效果不太理想，一是虽然我们的待遇很有吸引力，但毕竟做广告创意的人过来不是业务主力，吸引不到特别好的人，而且公司氛围很不一样，缺少了那个环境怕是能力也会打折扣；二是流程会比较长，因为现在公司没有对应的编制，去年其他部门准备工作就花了 3 个多月，还是在新增了一条业务线、要招十几个人的情况下。这几天我再和其他部门一起算算账，看到底能不能省、具体能省多少。另外准备这份材料的时候，我发现营销支出上其实可以更强调结果导向，可以做优化，广告公司那边初步沟通下来也大致可行，详细情况周五一并向您汇报。

7.2 书面材料必备报告摘要

在正式汇报的场合，我们就需要有汇报材料了，形式一般以 PPT 居多。在准备书面汇报材料的时候，无论报告正文结构如何，无论报告的篇幅有多长，我都建议大家养成制作报告摘要的习惯。

为了方便听众阅读，报告摘要一般会放在报告正文的最前面，标题页之后紧接着就是报告摘要。在形式上，报告摘要大多是纯文字描述，很少使用图表，而且结构清晰，语言也优先使用短语或短句。这样做的目的是让听众在 1 ～ 2 分钟内能完成阅读，从而快速对报告内容建立概念，哪里有疑问，后续就可以有针对性地展开探讨，最终提高汇报时的沟通效率。遇到报告篇幅比较长的时候，还可以在报告摘要里标注出详细内容（如关键数据和图表等）的具体位置，发挥索引的功能，方便听众前后交叉翻阅。

不仅如此，报告摘要还要重点展开下一步的行动举措和所需人力物力。因为听报告的人不光想知道分析的过程和结果，更希望知道下一步怎么办、由谁办，以及如何保障结果。只有把后续行动的诸项事宜都阐述清楚了，问题解决步骤才算真正形成闭环。这时候，我们就需要一份像表 7-1 这样的报告摘要框架来引导思路，避免准备材料的时候出现缺项漏项。由于框架中的内容一目了然，我们就不再多费笔墨一一展开了。

表 7-1　报告摘要框架

关键结论：用一句话总结工作的最终结论，并将能够支撑结论的关键论据以要点的形式罗列在下方
- 理由 1：
- 理由 2：
- 理由 3：
- ……

下一步行动建议：用一句话给出行动建议，并将具体任务（包括责任人和时间节点）分别罗列在下方
- 任务 1：
- 任务 2：
- 任务 3：
- ……

成功标准：清晰界定行动最终是否取得成功的衡量指标（包括定性指标和定量指标）和具体标准，既可以设置全局性的指标，也可以针对每一项任务单独设立指标
- 全局性指标：
- 分任务指标：
  - 任务 1：
  - 任务 2：
  - 任务 3：
  - ……

所需资源：为了确保各项任务能够顺利完成，公司需要投入的各种资源，包括但不限于人力、资金等各个方面，有时候也包含一些特殊权限
- 人力：
- 资金：
- 其他：

主要风险：提示有哪些不确定性因素可能影响后续的工作进展（不仅让听众事先有一定的心理准备，关键时刻也能够及时介入、解决麻烦），并以要点的形式罗列在下方
- 风险 1：
- 风险 2：
- ……

根据以往的经验，如果按照一小时的会议时间来计算，一份 PPT 报告的正文部分在 20 页左右为宜。如果篇幅太长，

前面讲解的时间就会太久，剩余的时间就很难充分进行讨论。所以更好的做法是会议之前就把报告摘要连同 PPT 报告发给参会者，并给对方留充足的阅读时间。在真正开会的时候，报告摘要既起到了穿针引线的作用，也对听众关心的问题提前备好了答案，这样所有参会者都可以更高效地进行同频交流，会议目标也就更容易实现了。

实际上在工作场合里，只有少数会议是严格按照先汇报再提问的方式进行的，大多数时候汇报只进行了一半，听众就开始提问。比如估算的依据是什么、模型做了哪些假设、执行过程中遇到障碍怎么办等。有些朋友可能认为这些提问打乱了汇报的节奏，就有些抗拒，甚至认为提问就等于质疑和挑战，所以在回答问题的时候会带着比较强的防御心理。其实完全没必要这样想。在我眼中，职场里最恐怖的鬼故事莫过于你滔滔不绝地讲了 45 分钟，现场鸦雀无声，下面的听众面无表情，直勾勾地看着你。你完全不知道现在是什么状况，到底是工作方向已经离谱得大家不知道该如何开口，还是汇报内容已经混乱得大家完全没听懂，总之从听众那里你得不到任何反馈，就像朝着一潭死水丢了块石头，一点涟漪都没有，石头就沉下去了，剩下的只有无尽的心慌。

高效汇报追求的是用最短的时间填补汇报人和听众间的信息差，而报告摘要正是为此而存在的。有了这份提纲挈领的总览，听众只需要花一两分钟便可以知晓报告的核心内容，然后就自己怀疑的部分或者不理解的部分进行针对性提问，会议就从一场单向输出变成了双向的交流，即便前面的工作还有瑕疵，后续也能有的放矢进行完善。正是由于这个原因，工作中我们常常看到一些成功的会议是"前短后长"的，也就是一小时的会议里，汇报只占 20 分钟左右，剩下大部分时间是在进行讨论，汇报人和听众之间也不再是单纯的说服与被说服的关系，而是在彼此碰撞，共同创造。这个时候双方就不再是一种对抗关系，汇报人也能够充分借助听众的智慧来完善自己的方案。

7.3　汇报陈述要讲个好故事

在正式汇报时，我们不仅要有完整、详细的书面材料，要专门准备报告摘要，还要进行汇报陈述。那么这个时候我们应该说点什么呢？

很多缺乏汇报经验的朋友会认为，口头陈述的内容和书面材料里的内容应该是一样的，顶多口头的部分会有所取舍，或者个别要点需要适当展开。但实际上真正的汇报高手会准备两套东西。他口头讲的东西在书面材料里是完全找不到的，因为那是一个精心编排的好故事。

生活中最常见的优秀案例便是各种新产品的发布会和公开演讲，比如苹果每隔一段时间举办的新品发布会和网上随处可见的 Ted Talk。这些汇报陈述都有一个显著的共同点，那就是演讲的 PPT 材料非常简单，基本上每一页只有少数的几个字或者一张图，大部分内容都靠演讲者的口头陈述，而且他们讲的全都是故事。

就以罗永浩（以下简称"老罗"）曾经做过的几场锤子手机发布会为例，他的演讲就十分典型。比如在 2013 年 3 月的智能手机操作系统发布会上，老罗从介绍他的研发团队开始，讲述了为什么当初只成立了 7 个人的小团队来完成如此规模浩大的工程，而小米公司负责智能手机操作系统的团队有 200 多人。末了老罗还特意补充了一句，这轮融资之后一定要把工程师团队扩充到 150 人左右，不能继续再走"缓慢而又优秀"的老路了。

讲完这段故事之后，老罗正式开启了针对智能手机操作系统的演讲，并按"视觉""功能"和"人性化"的顺序逐次展开。

在视觉篇，老罗从一个数字"2098"开始切入，讲述了过去 2098 天以来苹果手机的巨大成功导致几乎所有的手机 App 都采用了方形圆角的 icon 设计，连足球都变成了方形。这实际上是一种操作效率和界面整洁度之间的妥协，远非视觉设计的最优解。就此他一步一步从界面的网格化到 icon 的定制化，讲述了锤子手机的操作系统在视觉设计方面的开发历程，介绍了每一处改进的由来，甚至还给每一个 icon 的设计师署了名，让人不由自主地感叹其中的用心良苦。

而在功能篇，老罗从通讯录的搜索功能开始切入，讲述了他们为什么除了最常见的按照姓氏排列之外，还增加了按照地点、频率和添加时间来整理联系人，这些功能是为了应对哪些场景的。除此之外，老罗还进一步展示了联系人的群组功能，并现场给锤子手机的团队成员们群发了一条"发布会后，全部加薪"的短信，可以说节目效果"拉满"。之后更加精彩的是，老罗以一个一时糊涂想要和女朋友分手的小伙子为例，介绍了锤子手机如何增加了短信撤回的功能，避免了一时冲动导致的后果。可以说几乎每一处设计都是一个故事，每一点优化都是一个段子。聆听这段演讲的过程中，听众不知不觉就仿佛加入了锤子手机的开发团队一般，不仅理解了设计这些功能的初衷，也深深认同了其中的价值。

心细的朋友们可能早就发现，优秀的产品营销都在讲故事。矿泉水可以围绕水源地讲故事，汽车可以围绕生活方式讲故事，保险可以围绕客户讲故事，游乐场可以围绕童话讲故事。所有这些故事给产品和服务增加了温度，让消费者不仅享受到了产品和服务原有的使用价值，还收获了额外的情绪价值，而且帮助企业树立了品牌形象，也增强了客户黏性。

所以，采用讲故事的方式来进行汇报陈述是非常有效的做法，这样不仅可以牢牢抓住听众的心，用鲜活的例子来支撑我们的观点，而且听众也能够真切感受到我们的工作态度和精神，自然而然地成了我们的支持者。假如汇报的主题是扩展新的产品和服务，我们就可以围绕一位具有代表性的客户来讲故事，由于我们过去的产品和服务不够完善，导致客户花费了额外的时间和精力，只能通过其他途径来解决问题；假如汇报的主题是提高经营效率，我们就可以围绕一次有重大影响的投诉来讲故事，由于工作效率不够高，我们曾经错失了多少机会；假如汇报的主题是评估一个项目是否值得投资，我们就可以围绕估值模型的种种假设来讲故事，由于事关重大，团队成员为每一条假设都耗费了巨大的心力，经历了无数的纠结，最终才成为今天的样子呈现在各位面前。借助讲故事的手法，听众看到的不仅仅是冷冰冰的书面材料，而是一群在背后努力工作的、鲜活的人。他们为客户创造价值，他们不甘心落于人后，他们全都凭良心做事，他们是值得信赖的，也是值得鼓励的。

当然，汇报建议时讲故事的方法多种多样，但核心只有一条，那就是：不要被你的书面材料绑架，要用通俗易懂、生动有趣的"人话"来进行口头陈述。关于这一点，电影《大空头》中有一段精彩的剧情就给我们做了生动的演绎。

这部电影由真实故事改编，讲述的是 2008 年美国金融次贷危机爆发前，华尔街少数几位投资人凭借敏锐的嗅觉预判出金融市场的重大风险，提前做空美国房地产市场，最终大赚一笔的故事。

在这段剧情中，来自德意志银行的贾里德带着自己的两名下属来到一家投资机构，试图销售一种名为"信用违约掉期"（Credit Default Swap，CDS）的金融产品。这种金融产品就像债券的保险，债券一旦发生违约，持有者便可以得到 10 ~ 20 倍的巨额赔付。而贾里德关注的对象，正是美国的房地产市场。

2000 ~ 2003 年，美联储多次降息，大量资金流入美国房地产市场，使得房地产市场蓬勃发展，推动美国经济快速增长。在此背景下，华尔街的投资家们将美国住房专业银行以及储蓄机构发行的房地产抵押债券（也就是把个人房贷证券化了）进行了重新包装，将"B""BB""BBB""A""AA"和"AAA"6个不同风险评级（其中"B"代表着美国个人消费信用评估的最低分，也就是说房贷的实际偿还能力最弱，对应的抵押债券风险也最高）的房地产抵押债券按照违约赔付的先后顺序进行组合，把那些风险评级太差、根本卖不出去的房地产抵押债券和优质的债券拼凑在一起，形成一款新的名为担保债务凭证（Collateralized Debt Obligation，CDO）的产品，大肆售卖，并从中获取了高额收益。

为了形象地展现CDO的违约过程，贾里德虽然给每位听众都发了一份厚厚的分析报告，但是完全没有逐页进行讲解，而是别出心裁地用6种标注了"B""BB""BBB""A""AA"和"AAA"的积木搭建了一座小塔，不断从下面信用评级最差的积木开始抽，直到象征着美国房地产市场的整座塔全部塌掉。可怕的是，根据他们的测算，只要市场中流通的房地产抵押债券有8%违约，所有CDO的价值就会归零，而当时的违约率已经悄然达到了4%。

有趣的是，在电影中导演甚至安排了一段用厨师做菜来讲解CDO原理的情节。信用评级较差的房地产抵押债券就像不新鲜的海货，单独拿出来根本没人要，可是如果把它们切碎，和新鲜的海货来一起炖汤，就变成了香喷喷的海鲜大餐，这就是CDO的原理。可以说不仅剧中的贾里德在讲故事，导演为了让观众能够理解这些金融产品也是煞费苦心。

7.4　更高的境界——人设与情感

如果在讲故事的基础上还能进一步注重自己的人设，激发听众的情感共鸣，汇报建议也就上升到了一个新的高度，有了艺术的味道。不知道大家是否在工作中有过这样的感受：同样一件事情，换一个不同的人来汇报，结果竟可以完全不同。有的人汇报备受质疑和挑战，有的人汇报却很快获得了认同，这就是人设在发挥作用。也正如上一个小节里讲的，好的产品故事能够完美展现汇报者的工作态度与职业追求，一场原本商业意味很浓的会议也可以变得有性格、有温度。所以一场汇报所展示的，其实不仅仅是书面材料里的那些数字、分析和建议，更多的是演讲者这个人，以及背后共同协作的整个团队。人设和情感才真正是居于"汇报建议"顶端的明珠。

2019 年在美国播出的真人秀《富豪谷底求翻身》里，就有这样一段生动的例子。故事的主角格伦本是一位身价百亿的富豪，他要挑战的是：在一座陌生的城镇里，不借助任何过去的人脉和资源，身边只有 100 美元和一辆破旧的皮卡，在 90 天内赚到 100 万美元。格伦创业的过程十分精彩，特别是与当地啤酒厂老板的几次沟通，充分展现了他的务实精神和个人魅力。

经过前期的几番二手交易，格伦积累了足够的资金，最终计划在镇上开一家烧烤店。一番市场考察过后，他发现镇上另外一家烧烤店不卖啤酒，于是便来到了当地最有名的联合车站啤酒厂，想要和啤酒厂建立独家合作，在市场上形成竞争优势。

然而格伦与啤酒厂老板的第一次会面并不顺利，除了要求对方为自己的烧烤店定制一款啤酒之外，格伦还提到未来将这款定制啤酒打造成全国性的品牌，在各个州推广和售卖。格伦的建议没有勾起啤酒厂老板的兴趣，饼画得太大，把人都绕晕了，因此格伦遭到了拒绝。

但是他没有就此放弃。在采访中格伦特别提到，在过去的生意中，自己曾被拒绝过很多次，但每一次他都会到对方那里，想方设法把拒绝变成同意。认真地复盘了第一次沟通存在的问题，几天后格伦再次出现在了啤酒厂老板的面前。首先他很坦诚地表示自己先前没有想清楚，把合作的事情搞复杂了。他非常欣赏啤酒厂的产品，希望对方能够同意在自己的烧烤店销售啤酒厂的产品。这一次啤酒厂老板不仅答应得很爽快，甚至还同意了为烧烤店定制一款啤酒的请求。在谈话的末尾，格伦最后问了老板一个耐人寻味的问题："你觉得我们的这个创业计划有多疯狂？"啤酒厂老板微笑着摇了摇头，说他自己也不知道。很显然，格伦的创业精神和反思能力打动了啤酒厂老板，使得啤酒厂老板愿意帮助眼前的这个男人，来成就他的创业梦想。

我们曾在第 2 章提到过的韩国电视剧《未生》，同样也有一个类似的提出建议的场景值得我们反思。在这段剧情里，男主角张克莱和同期加入的一群实习生终于迎来了最终考核，他们现场的表现将直接决定自己能否被留用，所有人可谓紧张至极。为了考察实习生们理解客户和捕获商机的能力，最终考核分为两个环节，每两人分成一组。每个小组不仅要协作完成第一个考核环节的课题汇报，还要在合作过程中彼此观察、相互了解，然后在第二个考核环节当场销售一件产品给对方。

轮到张克莱的时候，只见他从纸箱子里拿出了几双办公室里大家常穿的旧拖鞋，这就是他要卖给同组小伙伴的产品。他的这番操作让大家颇为吃惊，也包括站在对面的同伴。但是，他接下来说的话却深深打动了所有人。

原来，他的同伴韩锡律来自一个工人家庭，父母一直在生产和贸易现场从事着繁重的劳动，脚上长年穿着有保护作用的军靴，这些军靴也是他们一家人最骄傲的"战鞋"。韩锡律从小在父母身边耳濡目染，深深地认为在办公室里做的都是一些轻松又简单的工作，因此，虽然他来到公司实习，但每天都待在办公室，让他一直以来都不是很认同自己的工作。张克莱拿着一双早就磨损变形的旧拖鞋，向韩锡律阐述起了办公室工作的重要性。为了保障利润，每一天要确认汇率，反复检查合同条款是否存在漏洞，陷入无数次拉锯战一般艰难而又漫长的商务沟通，熬夜等到合作方所在国家的上班时间确认业务信息，所有这些都凝结着办公司职员的辛勤汗水，这些破旧的拖鞋就是他们的"战鞋"。

张克莱的话不仅让韩锡律意识到了自己工作的价值，也让在场的所有人默默点头。因为他们知道，这些话说到韩锡律的心坎儿里了。

　　而在这一小节的最后，让我们再来欣赏一下美剧《广告狂人》中男主角为柯达公司的转轮幻灯片准备的广告方案，充分感受一下情感在汇报演讲中展现的力量。

　　柯达公司新发明了一种带有机械转轮的幻灯片投影设备，虽然技术上属于原创，但其实只是能把一些摆好的照片依次投射出来，并没有很大的难度，也没有其他炫酷的功能。就连柯达公司的人都不知道该如何宣传这款产品，甚至他们也没有抱很大的希望。但是男主角却看到了这款产品为客户带来的情绪价值，用自己过去十几年的老照片制作了一段简短的幻灯片，向柯达公司的团队展示自己的广告创意。在会议室昏暗的灯光下，他一边一页一页地翻转着这些照片，一边用忧伤而又缓慢的声音说着下面的这段话（请允许我这里引用了原文）：

在希腊语中，"怀旧"
这个词字面的意思是
"旧伤口残留的隐痛"
是你心中的一种刺痛
比单纯的记忆更有力量
这台设备不是一艘宇宙飞船
而是一台时间机器
它可以后退，也可以前进
带我们去那些会勾起痛楚的地方
它不叫"转轮幻灯片"
而叫作"旋转木马"
它让我们像孩子玩耍那样去旅行
一圈又一圈，然后再回到家
回到那个我们被爱着的地方

这不是一场甲方和乙方之间的商务会议，而是一首催人泪下的绝美诗歌。

7.5　尾声

如果把书面材料比作房屋的地基，那么讲故事的能力便是房屋的户型设计，而人设与情感则是内外部的装修。书面材料要的是逻辑严谨、内容翔实，地基要牢靠；讲故事要的是有趣有料、真实合理，户型要诱人；而人设与情感则来到了艺术的层面，要的是直击人心和情感共鸣，细节处见品质。但令人遗憾的是，工作中有相当多的汇报建议连"地基"都打得不够坚固，更不用说另外两个层次了。

不过好在和解决问题方法论的前几步不同，汇报建议没有对错，只有"好"和"不好"或者"好"和"更好"之分。所以这一章的内容看起来颇像一只"缝合怪"，举了很多影视剧情的例子，只为了让大家能够充分"见众生""见天地"。以后再遇到精彩的汇报桥段，不妨也暂停下来想一想，如果自己身处其中会怎么做，剧中人的所作所为到底妙在哪里，这样也就为自己将来的汇报建议提供了很好的借鉴。

当然，汇报与演讲作为职场最重要的沟通场景之一，具体内容远不止这些。遣词造句、修辞手法、肢体语言，这些都会关系到最终的汇报结果。关于这些进一步的内容，我会在另外一本专门针对沟通的书中详细介绍。朋友们，我们有缘再见啦！

后记　　最后送给大家的话

　　在我们中间，只有少数人年少时便发现了自己的兴趣所在，有条件也有机会把一生都投入到深爱的事情上。这样的人无疑是幸运的。对其他大部分人来说，工作恐怕是一件"先结婚，后恋爱"的事，我们带着一脸懵懂走入职场，并不知道接下来即将面对什么，也不知道我们会走多远。而且这段旅程起初往往颇为艰辛，因为不管是工作环境还是工作内容，甚至是工作时间，都由不得我们来选择，我们只能被动去接受。直到有一天，我们突然做对了一件事，得到了同事的称赞与领导的肯定，所有的付出和努力一下子都有了回报，我们在内心也对工作默默添加了一丝好感。

　　于是，我们的职场之路就这样一步一步走了下去，成就感就是支撑我们不断前进的力量。我们每个人都希望得到肯定，因为人生最重要的价值莫过于被他人需要，被社会需要。

我们不仅需要赚钱养家，也希望实现个人价值。虽然每个人的起点不同，职业分工也不一样，但是我们每个人都对自己的人生有所期待。这份期待并不一定与职位高低和赚钱多少挂钩，而是我们都会在不断尝试和摸索中逐渐寻找到专属于自己的那份荣耀，在几十年漫长的职场生涯里，在每一天找到属于自己的那份"小确幸"。

所以在我心中，对待工作的态度恰恰也是我们对待自己人生的态度。当我们的内心充满善意，我们就会不吝于分享，也会大胆请教，因为我们给予别人善意的同时，也相信自己可以收获善意；当我们的内心保持开放，我们就会相信别人的优秀，我们就会勇敢接纳新的事物和新的观念，不会发起无谓的质疑，而是虚心学习，吸收其中最适合自己的部分，然后勇敢去尝试；当我们的内心相信自己，当我们的内心充满阳光，我们就会在每一个平凡的日子里努力让自己变得更好，因为我们相信自己会有更美好的未来，因为我们相信自己值得。

这恐怕才是高效工作方法和优良工作习惯的真正意义。它不仅能够帮助你收获更多成就感，给你带来更多的正反馈，让你在工作中找到乐趣，更重要的是，它体现了我们对工作和人生的态度。在几十年职场生涯的漫漫长路里，我们需要智慧来照耀前行的方向，也需要智慧来欣赏沿途的芬芳。所以在这本书的最后，我想把下面几句话送给各位亲爱的读者朋友。

- 愿你能够从本书的内容中汲取养分，吸纳并形成属于自己的高效工作方法。我从不认为学习解决问题就意味着行为被同化，工具和原则也需要融会贯通、灵活运用，属于自己的才是最好的。
- 愿你坚持长期主义，在工作中真正构建起自己竞争的护城河，持续积累自己的能力，不盲目跟风做副业，不迷失大方向。
- 愿你能够不断在工作中找到令自己兴奋和充满成就感的事情，愿你能够有勇气也有机会持续挑战自我，愿你不断有精彩相伴，愿你有清风拂面而来。
- 愿你能够好好爱自己，珍惜自己的时光，珍视自己的努力和付出。愿你远离职场的恶意，愿你所到之处，遍地阳光。

最后，请允许我把电影《无问西东》结局处张震的那段独白送给大家。

如果提前了解了你们要面对的人生
不知你们是否还有勇气前来
看见的和听到的
经常会令你们沮丧
世俗是这样的强大
强大到生不出改变他们的念头来
可是如果有机会，提前了解了你们的人生
知道青春也不过只有这些日子
不知你们是否还会在意
那些世俗希望你们在意的事情
比如占有多少才更荣耀
拥有什么才能被爱

等你们长大
你们会因绿芽冒出土地而喜悦
会对初升的朝阳欢呼跳跃
也会给别人善意和温暖
但是却会在赞美别的生命的同时
常常，甚至永远地忘记了自己的珍贵

愿你在被打击时
记起你的珍贵
抵抗恶意
愿你在迷茫时
坚信你的珍贵
爱你所爱，行你所行
听从你心，无问西东

附录 核心工具与原则

1. 定义问题

SMART 原则

SMART 原则指的是定义问题的五项准则，包括具体的（Specific）、可衡量的（Measurable）、可执行的（Actionable）、有相关性的（Relevant）和有时效性的（Time-bound）这五条标准，具体见图 1-1。

SMART 原则实际上是一种反思性的提醒，代表着 5 句"灵魂拷问"，避免我们过早下结论。

"S"提醒着我们，现在的问题定义足够具体了吗，还是有些空泛？

"M"提醒着我们，我们有可衡量的目标了吗？到底什么算优异，什么算良好，什么算及格？后续我们如何评估自己的工作成果?

"A"提醒着我们,现在的问题定义有实操性吗?我们具体需要做什么?这样做有意义吗?

"R"提醒着我们,我们在解决真正的问题吗?我们接下来要做的事情是否和最终目标有着必然的逻辑关系?我们实际被交办的任务,是否和我们听到的字面意思完全一样,还是需要我们重新思考、重新定义?

"T"提醒着我们,我们还有多少时间?接下来还有哪些重要的时间节点?有哪些因素会影响所需时间的长短?

在选择工具的时候,我们不会以自己主观感受的问题难度为依据,而是看这件事是否涉及其他人。如果这件事我们不需要征求其他人的同意,自己就可以做决定,结果的好坏也由自己来承担,那么就使用 SMART 原则。

如果这件事我们需要征求多方意见,寻求多方支持,最终也希望大家都满意,那么就需要使用问题定义表(见表 1-1)。

2. 拆解问题

议题树

议题树不仅可以将大的、复杂的问题分解成小的、简单的问题,方便我们逐个配备相应的资源和力量,从而保质保量地按时解决问题,而且更重要的是帮助我们梳理出解决问题的思路。

议题树的最左边是待解决的问题(也可以把它当作议题树的第零层),而右边则是根据解题思路拆分出来的若干层子议题，越往右越细致，越往右越具体。所以为了更高效地解决问题，一般来说议题树起码要拆分到第二层，这样才能有可实操的解决方案。如果第二层还是不够具体，那就需要继续往下拆分。

从右到左、从列举到总结或者归纳来完成议题树的搭建是错误的做法，因为当我们直接从议题树最右端、最细致的一层开始"蹦答案"，这些答案严重依赖我们自己的经历、眼界以及当时的临场发挥，往往是不够完整的，有时候甚至是错误的，所以总结或者归纳出的逻辑也经不起推敲。我们需要掌握的是从左到右、从思路或者逻辑到举例的思考过程，即便我们在具体的手段上举的例子一时不够多、不够全，整体的框架依旧有效，议题树也仍旧可以引导我们解决问题。搭建议题树正确的路径和错误的路径见图 2-3。

MECE 原则

MECE 原则实际上是四个英文单词 ——Mutually Exclusive，Collectively Exhaustive——各取首字母合并起来的简称，直译过来就是（议题树的各个子议题应该）"互相独立、完全穷尽"，也就是所谓的"不重不漏"。

MECE 原则要求议题树整体上是完整的，没有重大的缺项漏项，而且每一个"子议题"之间切割得干干净净，彼此没有相互影响，不存在相互包含或者被包含的关系。MECE 原则还要求议题树最末端的各个子议题都属于相同的类别，都处在相同的层次，拥有相同的颗粒度，因为只有这样我们才好判断到底是不是彼此独立。

MECE 原则更适用于议题树左面的几层，如果议题树有三层，我们重点关心第一层和第二层的拆解是否"MECE"；如果议题树有两层，我们则重点关心第一层的拆解是否"MECE"。

MECE 原则能够有效检验我们的议题树逻辑是否严谨、内容是否完整，但在实际操作的过程中，我们也不能盲目追求形式上的不重不漏而忽略了解决问题。一个"MECE"的议题树在形式上一定是"不重不漏"的，然而一个形式上"不重不漏"的议题树却不一定真的"MECE"。MECE 原则是非常务实的，追求的并不是在形式上有多漂亮，而是真正能搞清楚事情的真相，有效地解决好问题。

假设树

假设树是议题树的一种特殊形式，其所有子议题都围绕着一个核心假设展开。区别于一般议题树从左到右、逐层展开的结构，假设树往往是一个串联式的结构，也是一种典型的流程问题。最左边是待证明或者证伪的假设，而右边则是假设成立的一系列前提，从最基础、最重要的前提开始，一直到最细致、最具体的前提结束。每个前提下面则像一般的议题树一样展开若干个子议题，用于支撑前提，所以每一个前提和下面的子议题都是论点和论据的关系。假设树的典型结构见图 2-23。

能否提出高质量的假设是假设树成败的关键，因为一旦提出的假设被证伪，解决问题就必须从头来过。如果确实能形成高质量的假设，那么假设树更加聚焦的问题解决思路就会大大提高我们的效率。

如果面对的是陌生的新问题，一般议题树会更合适；如果面对的是相对熟悉的问题，那么假设树就会体现出优势。

3. 优先级排序

优先级排序对比的是议题树最右端、最细致的一层子议题，目的是筛选出投入产出比最高的事情，优先投入资源。所以优先级排序关注的问题是：我们应该把资源优先放到哪里？这些资源可以是一个人或者一个团队的时间，可以是金钱，也可以是其他重要的东西，比如计算机的运算能力等。

之所以我们要进行优先级排序，是因为存在"边际效用递减"这样一条经济学原理，也就是当我们不断增加一种资源的投入时，每追加等额的新增投入，所能得到的新增收益是在逐渐降低的。

在复杂的问题上，我们首先需要保持清醒的头脑，仔细分析每项举措、每个动作的目的、类型和时机，先把同类别的事项汇总在一起，再分门别类进行考量。对于同一个类别的事项，我们在投入资源时需要通盘考虑，以实现整体上的投入产出比最大。为了实现这一点，我们在投入资源的时候就要重点关注边际效用，了解新增投入所能带来的新增产出是多少，充分做到"抓大放小"，把握最关键的20%，解决80%的问题（也就是把握"80/20 法则"），而不是不计成本地投入时间和精力。

4. 制订计划

工作计划表（见表 4-1）实际上完全是由结论假设牵引的，右边的所有内容都围绕着这个证明对象展开，形成一条从左往右的逻辑链。面对每一个子议题，我们都像在完成一道数学证明题一样，首先一定要设立证明对象，也就是对分析的结果、问题的结论或者最终的方案形成假设，然后再想办法证明或者证伪它们。

结论假设和所需论据是工作计划表中最具特色的两列，因为我们需要让配合的同事也了解计划表背后的逻辑，而不是仅仅交出一张割裂的任务清单，这样才能更好地调动起大家的智慧，真正用好身边的资源。

甘特图

工作计划表虽然能清晰地展现出每个子议题后续工作计划的分析和论证逻辑，但是不能一目了然地呈现各项任务随着时间推移的推进过程，所以我们常常需要使用甘特图工具来作为补充。

从左往右看，甘特图可以分为三个部分：最左边是工作任务，最右边是负责人，而中间占据最大篇幅的是以月为单位分割的时间轴，每一项工作任务的具体推进日程分别用深色和浅色的箭头显示。其中深色代表已经完成的部分，而浅色代表尚未完成的部分。另外在甘特图的最下方还有 4 个关键的时间节点被标注了出来，分别是"项目启动""现在""中期回顾"和"最终决策"。

　　甘特图最大的好处在于一目了然，每一项任务什么时候启动、由谁负责、什么时候拿出成果，都非常清楚，能够真实地反映出团队在任一个时间点所需要的人力。考虑到实际需要，我们完全可以灵活设计自己的甘特图，比如把最右边的"负责人"改成"最终交付物"，比如不同类型的任务可以用不同颜色的箭头等。总之我们只要保留最左边的"工作任务"和中间的时间轴即可，最右边的内容和下方的内容则可以根据需要来修改，目的是尽可能包含更多有用的信息。

　　5. 展开分析

　　根据问题的不同，我们可以将展开分析分为两种类型，一种是定性分析，一种是定量分析。定性分析本质都是在回答不同类型的"为什么"，而定量分析本质都是在大量数据中间"找规律"。

　　定性分析

　　定性分析是一种主观的分析方法，主要依靠的是分析人员的经验和主观判断能力，利用归纳演绎、抽象概括等手段对所获得的各种材料进行去粗取精、去伪存真和思维加工，从而最终回答"有没有""要不要""对不对"或者"是不是"的问题。

- 文献调研。在使用文献调研的时候，最关键的问题就是来源是否可信赖，结论是否可参考。文献调研最常见的错误就是为了证明而证明，这实际上只是走个过场。

- 专家访谈和用户访谈。在进行访谈的时候，交流是关键，切不可被访谈提纲所束缚，把访谈对象当成投币吐答案的机器，拿着问题清单一个一个问下去。
- 问卷调查。在使用问卷调查的时候，要多使用封闭性问题，把问题控制在 20 个以内，避免预设立场以及引导性和倾向性，并且要确保有效样本的数量足够多。
- 事件分析。在进行事件分析的时候，要不断刨根问底，不断问"为什么"，直至找到真正的原因。

定量分析

定量分析是对所收集到的数据进行数量特征、数量关系与数量变化分析的方法，也就是从数据中挖掘规律和洞见。

- 模型分析。当遇到复杂的商业问题，面临多种不确定因素，而所有变量又都可以量化时，就可以搭建模型来分析不同变量对最终结果的影响。
- 组间分析。组间分析主要被用来判断两组或多组数据之间是否存在统计学差异。
- 回归分析。回归分析主要是做预测，最常见的是线性回归，而且必须用散点图。
- 聚类分析。聚类分析就是用数学工具来更科学地进行对象分类。

无论定性分析还是定量分析，好的工作成果都需要我们有着不断追求真相的精神，以及坚持独立观点的信仰。

6. 总结提炼

总结和提炼是两件不同的事情。总结是对话题相同的研究成果进行归类和精简，用更加有逻辑、结构化的方式对研究发现的事实进行重新排列组合；而提炼则需要对信息进行再加工和抽象化，使研究发现的事实升华为人的一种认知。所以总结后的结论实际上说的还是那些事实，对内容没有进行加工，只是重新排列组合了一下，结构看起来没那么乱了；而提炼却完全不同，提炼后的结论说的已经不再是事实，而是上升到了认知的层面。

想要做好提炼，以下 4 条心法是关键。我们需要把它们灵活地融入到提炼结论的过程中，逐渐做到运用自如。

- 抓大放小，看大的趋势和形态，忽略不重要的信息，不纠结于细节。
- 抽象定性，给保留下来的发现"戴个帽子"，从性质中发现规律。
- 量化差异，关注不同项目之间的差异，量化它们并思考能说明什么问题。
- 指向行动，回顾探讨的问题是什么，尝试把发现和有可能的行动相关联。

7. 汇报建议

"S-C-I 故事框架"

"S-C-I 故事框架"是应对非正式汇报的一种手段，具体来说就是按照情况、复杂性和启示这样的逻辑顺序完成汇报。

其中，情况一般指的是工作进展，也可以是初步的工作结论。当然，还有一种情况就是眼下并没有一项需要特别汇报的工作，只是日常性的了解。无论是哪一种，我们都可以用最精练的语言对当前的情况进行概括，核心是要让对方有概念。一定要简明扼要，最好一句话说完，切勿包含太多细节信息分散了听众的注意力。

复杂性一般指的是工作中面临的难点和瓶颈点，比如工作是不是遇到了困难，是否能够及时完成。当然，我们还可以将这一点往外延伸，不仅涵盖工作目前遇到的困难，还可以拓展到工作中的亮点、特色和一些出乎意料的地方。无论哪一种，我们都可以用展现重要细节的方式来进行举例，核心是要让对方对你的成果有信心。

最后，启示一般指的是下一步的工作计划。当然，对做汇报的人来说，不仅可以讲自己下一步的工作重点，还可以就此引出所需要的支持，或者对工作的其他想法。

报告摘要

在有书面材料的正式汇报场合，我们不仅要准备好内容的正文，还要额外准备一份报告摘要。报告摘要一般放在报告正文的最前面，在形式上多采用纯文字描述，很少使用图表，而且结构清晰，语言也优先使用短语或短句，以便让听众在 1 ~ 2 分钟内能完成阅读，从而快速对报告内容建立概念。遇到报告篇幅比较长的时候，还可以在报告摘要里标注出详细内容（如关键数据和图表等）的具体位置，发挥索引的功能，方便听众前后翻阅。